导弹作战体系
本质与表征

目光团队 ◎ 著

ESSENCE AND CHARACTERIZATION
FOR MISSILE OPERATION SYSTEM
OF SYSTEMS

北京理工大学出版社
BEIJING INSTITUTE OF TECHNOLOGY PRESS

版权专有　侵权必究

图书在版编目（CIP）数据

导弹作战体系本质与表征／目光团队著. -- 北京：北京理工大学出版社，2022.12
　ISBN 978-7-5763-2012-1

Ⅰ.①导… Ⅱ.①目… Ⅲ.①导弹—应用—作战 Ⅳ.①E927②E835

中国版本图书馆 CIP 数据核字（2023）第 004247 号

出版发行	／北京理工大学出版社有限责任公司
社　　址	／北京市海淀区中关村南大街 5 号
邮　　编	／100081
电　　话	／（010）68914775（总编室）
	（010）82562903（教材售后服务热线）
	（010）68944723（其他图书服务热线）
网　　址	／http：//www.bitpress.com.cn
经　　销	／全国各地新华书店
印　　刷	／保定市中画美凯印刷有限公司
开　　本	／710 毫米×1000 毫米　1／16
印　　张	／12.25
字　　数	／209 千字
版　　次	／2022 年 12 月第 1 版　2022 年 12 月第 1 次印刷
定　　价	／106.00 元

责任编辑／封　雪
文案编辑／封　雪
责任校对／刘亚男
责任印制／李志强

图书出现印装质量问题，请拨打售后服务热线，本社负责调换

PREFACE

前言

在完成《导弹时空特性的本质与表征》《精确打击武器系统论》的研究创作之后，作者又率领团队开始了《导弹作战体系本质与表征》的研究和创作。历时两年，几经坎坷，终于能够把我们潜心研究的成果奉献给广大读者。至此，完成了"本质与表征"三部曲的研究和创作工作。

本书的研究方法与前两本书异曲同工，都是按照大道至简的思路，通过我们熟知的体系的研究和剖析探寻体系的一般规律和特点，通过由表及里、由此及彼、去粗取精、去伪存真的层层解剖，探寻导弹作战体系的本质特征；通过导弹作战体系博弈的作战流程和特点，以及导弹作战物质流、能量流、信息流和控制流的相互作用，建立和推导出反映导弹作战体系的极简解析模型。

在研究过程中，我们遇到的最大问题在于如何认识导弹作战体系的属性。目前，国内的一些专家和学者普遍将装备体系和作战体系视为复杂系统对待，国内的一些研究单位也运用复杂系统理论和方法指导装备体系和作战体系的发展建设。我们认为，再复杂的系统，其本质都是简单的；系统的复杂性是由系统的简单规则运行而成的；装备体系和作战体系都是由信息网络强耦合构建起来的、可供协同运用的组织体系，这会极大地限制体系的复杂度；作战人员作为经过严格训练的群体，能够把他们的决策和行动的不确定性控制在极小的范围内；装备体系和作战体系构建的首要准则，就是使体系具有冗余性和强弹性，这种冗余性和强弹性必须能够包容体系不确定性所带来的波动和偏差。因此，无论装备体系和作战体系的构成规模如何巨大，以及构成范围如何广泛，体系的本质仍然是简单系统，充其量是简单巨系统，仍可以使用还原论的理论和方法来研究和处理装备体系和作战体系。战争的不确定性是客观存在的，而作战体系建设和运用的目的就是控制和消除这种不确定性。

本书共分为八章。第一章介绍了对体系的理解与认知，从基本概念、自然体系、社会体系、工业体系、战争体系、国防体系、军事体系、作战体系八个方面梳理了体系的概念内涵和核心本质，给出了体系的一般定义。第二章重新定义了导弹杀伤链，提出了筹划链、任务链、飞行链、毁伤链和评估链"五链"的内涵。第三章阐述了导弹装备体系与导弹作战体系，以及两者之间的关系，总结了导弹作战体系发展思路和运用原则。第四章通过对导弹作战体系的敏捷性剖析，指出了导弹作战体系的本质特征是体系效率，分别从体系对抗的动力学模型、控制论模型和电力网模型出发，推导出了反映导弹作战体系本质的效率模型。第五章至第八章利用给出的效率模型，分别以防空导弹作战体系效率的运用、飞航导弹作战体系效率的运用、弹道导弹作战体系效率的运用和空空导弹作战体系效率的运用为例，通过比较分析美俄两国不同代际的导弹作战体系的体系效率的差异，分析了造成这些差异的政策原因、技术原因和国情原因，给出了发展和运用导弹作战体系的启示和建议。其中第二、三、四章是本书的重点内容，是我们的研究中具有突破性和原创性的主要贡献。

中国航天科工集团第二研究院是研究和创作工作的依托单位，目光是思想和理论的提出者、研究和创作的领导者和主要作者。第一章的第一节至第五节由航天科工二院李启主笔，第六节至第八节由航天科工四院吴建明、周焘主笔；第二章由目光主笔；第三章由航天科工三院周少维、田宪科主笔；第四章的第一节、第二节、第五节由航天科工二院沈力、魏然主笔，第三节由航空工业空空导弹研究院陈建清、杨凯主笔，第四节由航天科工四院吴建明、张霖、马瑞琪主笔；第五章由航天科工二院沈力、宗凯彬、赵强主笔；第六章由航天科工三院王佳庆主笔；第七章由航天科工四院吴建明主笔；第八章由航空工业空空导弹研究院陈建清、杨凯主笔。全书的统稿和审校工作由目光、沈力负责。

在研究和创作过程中，航天科工二院唐明南、刘海军、李建荣、张承龙、周帆、许然、郭峰等，航天科工三院宁国栋、宋斌、崔东辉、李大鹏、禹磊等，航天科工四院张东俊、钟世勇、罗啸川、张浩然、张增辉等，航空工业空空导弹研究院樊会涛、张蓬蓬、穆学桢、潘辉、张义飞、郭云芝等二十余位专家提出了宝贵的意见和建议。航天科工二院也高度重视，为研究和创作工作提供了便利条件。参加写作的各有关单位派出精兵强将，发挥单位整体的优势和作用，使本书得以顺利完成。在此，对以上单位和专家表示衷心的感谢！

  本书适用于导弹研发部门、军方论证部门、试验鉴定部门、作战使用部门学习借鉴和作为工作指导，适用于作为相关高等院校的培训教材和参考资料，适用于广大军事爱好者和武器装备爱好者的学习和启发，适用于其他武器装备系统的参考借鉴。由于作者水平有限，书中难免存在不妥之处，敬请广大读者批评指正。

目光

2022 年 6 月 8 日

目　录

第一章　对体系的理解与认知 001

第一节　体系的基本概念 001
一、美国学者对体系的理解 001
二、国内学者对体系的理解 002
三、重新定义的体系概念 003

第二节　自然体系 004
一、概念内涵 004
二、主要学说 007
三、核心本质 007

第三节　社会体系 008
一、概念内涵 008
二、主要学说 012
三、核心本质 013

第四节　工业体系 013
一、概念内涵 013
二、主要体系 015
三、核心本质 018

第五节　战争体系 018
一、概念内涵 019
二、主要学说 020

三、核心本质 ··· 021

第六节　国防体系 ··· 022
　　一、国防体系概念与发展 ································· 022
　　二、国防体系的要素 ··································· 023
　　三、现代国防体系的特点 ································· 025
　　四、国防体系的本质 ··································· 026

第七节　军事体系 ··· 027
　　一、军事体系的概念与发展 ································ 027
　　二、军事体系的要素 ··································· 029
　　三、军事体系的特点 ··································· 030
　　四、军事体系的本质 ··································· 031

第八节　作战体系 ··· 032
　　一、作战体系概念与发展 ································· 032
　　二、作战体系的特点 ··································· 034
　　三、作战体系的本质 ··································· 035

第二章　导弹杀伤链 ··· 036

第一节　导弹杀伤链的概念 ··································· 036
　　一、重新定义的导弹杀伤链 ································ 036
　　二、导弹杀伤链的误区 ·································· 036

第二节　导弹筹划链 ······································· 039
　　一、概念与组成 ······································ 039
　　二、战前筹划 ······································· 039
　　三、战时筹划 ······································· 040

第三节　导弹任务链 ······································· 041
　　一、概念与组成 ······································ 042
　　二、导弹任务链形态 ··································· 042

第四节　导弹飞行链 ······································· 044
　　一、概念与组成 ······································ 044
　　二、导弹飞行链途径 ··································· 044
　　三、导弹飞行链种类 ··································· 045

第五节　导弹毁伤链 ······································· 045
　　一、概念与组成 ······································ 046

二、导弹毁伤链要素及其相互作用 ························ 047

第六节　导弹评估链 ························ 049
　　一、概念与组成 ························ 049
　　二、导弹评估链的运用 ························ 050

第七节　"五链"的相互关系 ························ 050
　　一、"碗状"杀伤链关系 ························ 051
　　二、"V型"杀伤链关系 ························ 051

第三章　导弹装备体系与导弹作战体系 ························ 053

第一节　导弹装备体系 ························ 053
　　一、导弹装备体系的概念 ························ 053
　　二、导弹装备体系的特点 ························ 056
　　三、导弹装备体系的规律 ························ 058
　　四、导弹装备体系的本质 ························ 060
　　五、导弹装备体系的要素 ························ 062
　　六、导弹装备体系的架构 ························ 063

第二节　导弹作战体系 ························ 064
　　一、导弹作战体系的概念 ························ 064
　　二、导弹作战体系的特点 ························ 066
　　三、导弹作战体系的规律 ························ 067
　　四、导弹作战体系的本质 ························ 068
　　五、导弹作战体系的要素 ························ 068
　　六、导弹作战体系的架构 ························ 069
　　七、导弹作战体系的构建 ························ 069

第三节　装备体系与作战体系的关系 ························ 071
　　一、功能与任务的关系 ························ 071
　　二、潜能与显能的关系 ························ 071
　　三、主体与客体的关系 ························ 071
　　四、局部与整体的关系 ························ 071
　　五、乐高积木与乐高产品的关系 ························ 071
　　六、技术与战术的一体关系 ························ 071

第四节　导弹作战体系的发展与运用 ························ 072
　　一、导弹作战体系的发展 ························ 072

二、导弹作战体系的运用……………………………………………… 075

第四章　导弹作战体系的体系效率……………………………… 078

第一节　导弹作战体系的本质……………………………………… 078
一、导弹作战体系的能力……………………………………… 078
二、导弹作战体系的核心能力………………………………… 083
三、导弹作战体系敏捷力的本质……………………………… 083

第二节　导弹作战体系的动力学表征……………………………… 085
一、导弹作战体系的哑铃模型………………………………… 086
二、导弹作战体系的弹簧模型………………………………… 089
三、导弹作战体系的效率模型………………………………… 091

第三节　导弹作战体系的控制论表征……………………………… 094
一、传递函数理论简介………………………………………… 094
二、作战体系效率表达式……………………………………… 096

第四节　从电力体系看导弹作战体系效率………………………… 099
一、电力体系理论简介………………………………………… 100
二、海基反导作战体系效率验证……………………………… 105

第五节　导弹作战体系表征的意义和作用………………………… 107
一、表征作用…………………………………………………… 107
二、发展作用…………………………………………………… 108
三、构建作用…………………………………………………… 108
四、运用作用…………………………………………………… 108

第五章　防空导弹作战体系效率的运用………………………… 110

第一节　美陆上防空作战体系运用分析…………………………… 110
一、第一代防空作战体系……………………………………… 110
二、第二代防空作战体系……………………………………… 112
三、两代防空作战对比分析…………………………………… 114
四、分析与启示………………………………………………… 115

第二节　美海上编队防空作战体系运用分析……………………… 115
一、第一代海上编队防空作战体系…………………………… 115
二、第二代海上编队防空作战体系…………………………… 116
三、对比分析…………………………………………………… 119

四、分析与启示 ··· 119

第三节 俄陆上防空作战体系运用分析 ··· 120
一、俄陆上防空作战体系基本情况 ··· 120
二、俄陆上防空作战体系效率计算 ··· 121
三、分析与启示 ··· 122

第四节 综合分析与启示 ··· 123
一、美俄陆上防空作战体系综合分析 ··· 123
二、美俄陆上防空作战体系启示 ··· 124

第六章 飞航导弹作战体系效率的运用分析 ································ 126

第一节 美反舰作战体系及其体系效率 ··· 126
一、美反舰作战体系特征 ··· 126
二、美第一代反舰作战体系效率分析 ··· 127
三、美第二代反舰作战体系效率分析 ··· 128
四、体系效率 ·· 130
五、启示 ·· 130

第二节 美巡航导弹精确打击作战体系及其体系效率 ························ 131
一、美巡航导弹精确打击作战体系特征 ······································· 131
二、美第一代巡航导弹精确打击作战体系效率分析 ························ 132
三、美第二代巡航导弹精确打击作战体系效率分析 ························ 133
四、体系效率 ·· 134
五、启示 ·· 135

第三节 美反辐射作战体系及其体系效率 ······································· 136
一、美反辐射作战体系特征 ·· 136
二、美第一代反辐射作战体系效率分析 ······································· 136
三、美第二代反辐射作战体系效率分析 ······································· 137
四、体系效率 ·· 138
五、启示 ·· 139

第四节 综合分析与启示 ··· 139
一、美军以导弹为中心的体系化是飞航体系发展的重点 ··················· 139
二、美军以"三区"引领的体系化是飞航体系设计的重点 ················· 140
三、美军以时空特性要求的体系化是飞航体系建设的重点 ··············· 140

第七章 弹道导弹作战体系效率的运用分析 …… 142

第一节 美国地地弹道导弹作战体系效率运用分析 …… 142
一、第一代地地弹道导弹作战体系效率 …… 142
二、第二代地地弹道导弹作战体系效率 …… 143
三、第三代地地弹道导弹作战体系效率 …… 144
四、第四代地地弹道导弹作战体系效率 …… 145
五、第五代地地弹道导弹作战体系效率 …… 146
六、美国各代际地地弹道导弹作战体系效率比较分析 …… 147

第二节 苏/俄地地弹道导弹作战体系效率运用分析 …… 148
一、第一代地地弹道导弹作战体系效率 …… 148
二、第二代地地弹道导弹作战体系效率 …… 150
三、第三代地地弹道导弹作战体系效率 …… 151
四、第四代地地弹道导弹作战体系效率 …… 152
五、第五代地地弹道导弹作战体系效率 …… 153
六、苏/俄各代际地地弹道导弹作战体系效率比较分析 …… 153

第三节 美国和苏/俄地地弹道导弹作战体系效率对比分析 …… 155

第四节 综合分析与启示 …… 155
一、在导弹武器系统的发展上 …… 156
二、在导弹作战体系的发展上 …… 156
三、在导弹作战体系的运用上 …… 156
四、在提高体系效率的途径上 …… 156
五、在体系效率模型的意义上 …… 157

第八章 空空导弹作战体系效率的运用 …… 158

第一节 空战体系演变与划代 …… 158
一、第一代空战体系 …… 159
二、第二代空战体系 …… 160
三、第三代空战体系 …… 161

第二节 第一代空战体系效率分析 …… 162

第三节 第二代空战体系效率分析 …… 164
一、空战实例一：贝卡谷地空战 …… 165
二、空战实例二：海湾战争 …… 166

第四节　第三代空战体系效率分析 ………………………………… 168
第五节　综合分析与启示 ……………………………………………… 171
 一、不同代际空空导弹条件下的体系效率对比 ……………………… 171
 二、载机平台对体系效率的影响分析 ………………………………… 172
 三、预警机对体系效率的影响分析 …………………………………… 173

参考文献 ……………………………………………………………… 176

第一章
对体系的理解与认知

体系是一种自然形态,人类的一切活动始终存在于体系之中。自宇宙大爆炸发生后,粒子的运动出现了,碰撞产生了新物质,演变出了有机体,由此而产生了自然体系。

作为高等生物,人类的出现引发了商品交换、政治统治、文化传播等一系列活动,人与人之间出现了复杂的社会关系,由此而构成了社会体系。为了满足物质和精神需要,人类开始进行生产活动,将自然资源转变为工业产品,工业体系应运而生。

随着人类活动范围的进一步扩大,人与人之间、社会与社会之间、国家与国家之间出现了利益冲突,从而导致了战争的爆发,由此出现了战争体系、国防体系、军事体系和作战体系。利用前人的成果和理论研究这些体系,透过这些体系纷纭复杂的表象洞察其本质,探究其机理,我们可以窥见其大道至简的本质特征。

我们运用历史和联系的视野,从漫长的人类历史过程和形式各异的军事革命中得到有益的结论和启示。这既是站在前人肩膀之上的回顾历史,又是抬头遥望星辰的展望未来。我们的最终目的并不是研究这些体系,而是为了给研究导弹作战体系提供有益的借鉴和参考。

第一节 体系的基本概念

体系是系统的集合,是系统的上层概念,是相互关联的事物按照一定逻辑关系或预定规则通过相互关联构成的更为复杂的整体。

一、美国学者对体系的理解

国际系统工程理事会援引克雷盖尔对体系的定义是:"体系是不同系统的集合,系统连接或关联在一起,产生单个系统无法完成的效果。"

美国国防部将体系定义为"互相依赖的系统组合链接,提供的能力远大于这些系统的能力之和。"

2005年，美国参谋长联席会议主席在《联合能力集成与系统演化》中给出了体系的定义："体系是相互依赖的系统的集成，这些系统的关联与链接可以提供一个既定的能力需求。"

美国陆军部对体系的定义："体系是系统的集合，这些系统在协同交互过程中实现信息的交换与共享。"

美空军科学顾问组给出了体系的定义："体系是系统的配置，在这配置使用过程中组件系统可以增加/移除；每个系统提供一定的功能；每个系统为了其功能的实现而进行管理。"

美国国防大学陆军工业学院认为："体系是巨大的、复杂的、持久的独立系统的集成，这些系统长期以来通过各自的权威提供给各自的能力，以支持总的使命而形成了体系。"

美国普渡大学航空学院认为："体系是为了满足整体的需求而对许多独立的、自包含的系统进行的大规模集成。"

艾森纳认为，体系应该由独立的系统构成，每个系统的运作都遵循系统工程的过程。体系中每个系统的发展在时间阶段上不存在关联性。体系中的各种系统之间的关联不是决定与被决定的关系，而是相互依赖的关系。从整体来看，体系中的单个系统通常具备自己的职能，并在体系的运作中发挥各自的作用。

诺曼认为，体系是动态环境中交互系统的集合，体系中的系统都具备两种特征：一是具有体系的背景环境；二是受体系中其他系统的影响。

可以看出，国外学者对于体系的理解更多注重于独立个体的作用及它们之间的相互关系，通过一定联系而最终形成的整体可以满足并在特定领域服务。

二、国内学者对体系的理解

我国学者对体系的理解，最早始于钱学森提出的系统工程理论。钱学森给系统下的定义是"由相互作用和相互依赖结合而成的具有特定功能的有机整体，而且这个有机整体又是其从属的更大系统的组成部分。"

2005年，我国召开了以"体系开发规律与科学途径"为主题的第269次香山科学会议，会议给定体系下的定义为："体系是为达到一定目的而以一定方式集合若干系统共同工作所形成的更大规模或更高层次的系统。"

张维明、阳东升等认为，体系应该是一种完整的框架，它需要决策者充分考虑相关的因素，不管这些因素随着时间的演变将呈现出何种状态。

胡晓峰等认为，系统和体系是两个有时可以互换的概念，它们既有相同之处，也有不同之处，体系是系统的组成，体系内部各系统一般都是合作关系，体系具有宏观整体性、信息相关性、耦合松散性、结构开放性等特点。

由此可见，国内的学者对于体系的理解更多从整体出发，为了达到特定的整体目标，对组成整体的每一个个体提出相互组合、相互关联的需求。

两国学者对体系的理解和定义存在差异，这既与东西方文化理念不同有关，也与装备和体系发展的技术基础不同有关。中国传统文化重视系统，习惯于从整体出发研究系统和系统的组成；西方文化则重视解析，习惯于研究组成整体的个体之间的相互关联和作用。

三、重新定义的体系概念

从导弹作战体系的目的出发，吸收和借鉴各国学者对体系定义的独特优势，我们对体系的概念和内涵给出了新的定义。

体系是指多个要素通过一定的逻辑关系和相互作用结合形成的有机整体。体系内部要素之间、体系与外界环境之间、体系与其他体系之间均存在相互联系和相互作用，使整体具备组成要素所不具备的性质。

体系要素是指构成体系的最小单元或最小系统，可以是某种意识或者实体，是构成体系的基础。要素具有唯一性，体系的性质首先由要素决定，不同体系所含要素是有区别的，因此体系性质也有所区别。要素具有独立性，组成体系的各元素的运作均具有独立性，如果体系被分解为各种组成单元，它们仍能够独立而有效地运作。要素具有联系性，体系之所以呈现出"整体大于局部之和"的特性，是因为其组成要素之间具有相互作用，这种相互作用是指要素之间存在物质流、能量流和信息流的交互，而交互后的要素不再孤立。好的体系使要素的功能相辅相成，差的体系使要素的功能互相制约。

体系的架构指体系要素的相互关系，是要素相互作用和相互依赖的方式，决定了体系结构的性质，能够支撑起整个体系的正常运转。架构具有层次性，高层次的要素兼容低层次的要素，低层次要素融合形成高层次的要素。架构具有灵活性，通常体系具有一种或多种架构，根据功能需求的不同而变化，使得体系具备动态发展、协同融合的可能性。架构具有交互性，体系是依靠组成要素间的相互作用而形成的，这种相互作用并不仅仅是物理上的连接或交叠，更多呈现在功能间的互相耦合中。

体系具有整体性、功能性、作用性、动态性、开放性几个特点。

1. 整体性

体系是复杂的整体，具有各要素无法独立实现的特性。依靠要素间的相互结合，体系呈现出的特性是独特的，拥有各要素所不具有的性质，呈现出

"整个体系大于局部之和"的整体性。

2. 功能性

体系是为了满足某种需求、实现某个功能而构成的,由于基本要素无法满足特定的要求,无法在独立或者简单组合状态下达到所需实现的功能,必须让要素之间按照一定架构进行有机结合,这样整体的功能才可实现。

3. 作用性

体系的作用性存在于内部作用和外部作用两个方面。内部作用性指组成体系的内部要素间存在相互作用,这种相互作用并不是毫无逻辑关系的,而是依靠功能等方面的互补,相互依存、相互制约,进而形成相对稳定的架构。外部作用性指体系与体系之间存在相互作用,这种功能作用性包括协同与竞争两点,其中协同可以使体系与体系间协同发展而竞争可以使体系存在危机感,避免其进入"死均衡"的状态。

4. 动态性

体系不是一成不变的,始终处于动态变化之中。体系不断与其他体系、外界环境相互作用、相互交换,其存在和发展伴随功能、使命、环境和知识的变化而发生动态变化。

5. 开放性

体系是开放的体系,是不断与其他体系或外部环境进行物质、能量或信息等各方面的互动与交换,只有这样,体系才能处于相对稳定的动态运行状态中,不发生交换的体系是"一潭死水",是封闭的,是熵减的,是会最终走向灭亡的。

第二节 自然体系

自然作为宇宙、物质、存在的同义语,都是指客观的、物理的、物质的世界。自然体系是由所有客观物体组成的复杂体系。作为最早出现、最基础、最广泛的体系,自然体系描述的是物与物之间的关系,只要有物质,自然体系就会存在。

一、概念内涵

自然体系包含的内容很广泛。我们重点从组成要素、相互关系、逻辑架构等体系关键点出发,通过综合分析各种学说和思想,形成对于自然体系概念、分类、性质等内涵的归纳总结,并从中得到有益启示。

(一)主要定义

对于自然体系的定义,不同的学者给出了不同的理解和定义。

恩格斯在《自然辩证法》中指出:"我们所面对着的整个自然界形成一个

第一章　对体系的理解与认知

体系，即各种物体相互联系的总体，整个自然界是作为种种联系和种种过程的体系而展现在我们面前。"

辩证唯物主义自然观认为，自然界是各种事物相互作用的整体，也是各种作用过程的集合体。

体系自然观作为辩证唯物主义自然观发展的新形式，提出了"自然界是以体系方式存在的，而且处于不断演化的过程中"的观点。

我国学者傅宝安在《自然系统的层次、特征及其演化规律》中将自然体系定义为："自然体系是指自然物按照它们的物理、化学或生物的联系而组成的整体。"

综上所述，自然体系是围绕自然物质的相互作用产生的整体。因此，我们将自然体系理解为：自然体系是指处于不断运动中的基本粒子，依靠不同形式的自然力相互联系，相互依存，与所处的环境相辅相成，由此而形成的整体。

（二）主要分类

按照组成元素尺度差异，我国学者戴文赛在《微观、宏观、宇观》中对自然体系进行了划分，如图 1-1 所示。自然体系具有鲜明的层次性，它们之

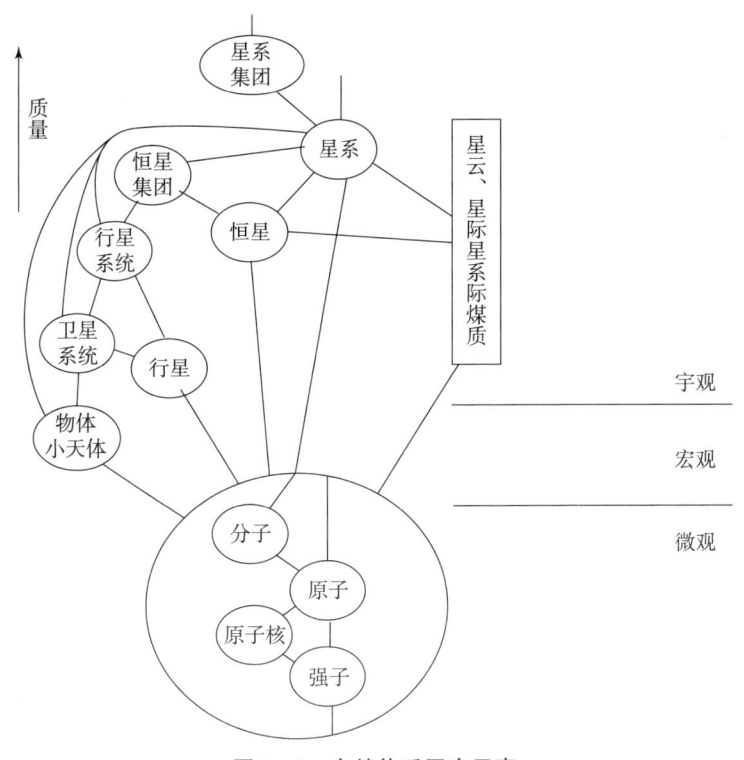

图 1-1　自然体系层次示意

间存在差异，如表 1-1 所示。对于微观、宏观、宇观物体而言，不仅存在尺度、质量上的差异，而且在作用力、排斥因素、观测特征、变革特性等方面也有所区别。借鉴该思想，我们将自然体系划分为三个层次，即微观粒子层次、宏观物体层次和宇观天体层次，每个层次自成体系。

表 1-1　自然体系间的差异

物体	空间尺度 /m	静止质量 /kg	吸引因素	排斥因素	观测特征	变革特性
微观粒子	$10^{-13} \sim 10^{-6}$	$10^{-27} \sim 10^{-15}$	化学键	经典排斥	可直接观测性	不可变革性
宏观物体	$10^{-9} \sim 10^{7}$	$10^{-14} \sim 10^{24}$	分子引力	热运动	可直接观测性	可变革性
宇观天体	$10^{8} \sim 10^{24}$	$10^{15} \sim 10^{47}$	万有引力	—	不可直接观测性	可变革性

微观粒子体系包括原子和分子等基本粒子，它们是构成宏观物体的基础。根据空间尺度的不同，微观粒子体系的各个层次分别具有核力性质、电磁性质和物理-化学性质，粒子之间始终存在不连续的引力和斥力作用。

按照各种物体性质的异同，通常可将宏观物体体系划分为生物和非生物体系两部分，前者包含动物、植物等，后者则有岩石、金属、非金属、气体、泥沙等，它们都拥有确定的质量、位置及运动状态。

宇观天体体系是由具有稳定运动状态的卫星、行星、恒星等宇宙间成团聚集的天体组成，天体之间存在连续的万有引力作用，即卫星绕着行星、行星绕着恒星进行连续的旋转运动，通常具有稳定的运动状态。

（三）性质特点

研究表明，自然体系呈现出联系性、开放性、稳定性、演变性等特性。

1. 联系性

宇观天体之间存在着场和万有引力的作用，宏观物体和微观粒子之间存在着弱相互作用、强相互作用等。这些相互作用把彼此独立的自然体物构成了具有联系和不同层次结构的整体。

2. 开放性

根据热力学第二定律，若体系与外界始终不存在物质、能量、信息等的交换，其内部的熵必然会自发地增大，使体系走向无序，从而导致其解体和消亡。因此，开放性是自然体系具备的特性。

3. 稳定性

自然体系内部的各个要素之间存在着一种依存关系，这种关系使体系处于某种相对稳定的状态。

4. 演变性

演变性是自然界具备的发展特性，即整个体系朝着等级结构增加的方向发展进化，将变得更为复杂。

二、主要学说

自古以来，人类从未放弃对自然体系组成元素及运动规律的探索，随着研究的不断深入，许多复杂现象被揭示，各类经典理论逐渐被提出。

（一）主要流派

在微观粒子体系方面，从最初的原子论、射线说的初探，到量子概念的确立，演变至经典量子论的成型，最终建立经典的量子力学，人类对于微观的认识不断更新迭代，粒子体系的神秘面纱被逐渐揭开。

在宏观物体体系方面，自经典力学起，人类开启了对宏观物体体系的探索之路，随着时代的发展，热力学、电磁学和电动力学、生物进化论也相继出现，对于物体架构及相互关系的研究成果逐渐丰富。这些理论在热学、电磁学、生物学等多个方面为宏观物体体系的深入研究奠定了基础。

在宇观天体体系方面，从绝对时空观起，人类认识深入到宇观世界，相继建立狭义及广义相对论，接着提出宇宙膨胀理论，最终宇宙大爆炸理论（又名"大爆炸宇宙论"）应运而生。随着对宇宙天体体系的深入探索，各种关于宇观体系的理论逐步成熟。

（二）理论方法

在微观粒子体系方面，量子力学的出现，弥补了前述研究微观粒子体系结构和运动规律的各学说的缺陷，目前已经成为最为核心、最全面的物理学说。其主要理论有波粒二象性理论和不确定原理理论，以及量子纠缠理论等。

在宏观物体体系方面，宏观物体体系研究重点以经典力学、热力学、电磁学、生物学为主。经典力学以牛顿运动三定律为主要理论，热力学以热力学三定律为主要理论，电磁学和电动力学主要以麦克斯韦方程组为主要理论，生物学主要以达尔文的进化论为主要理论。

在宇观天体体系方面，宇观天体体系的基石性原理为相对性原理，主要理论包括狭义相对论和广义相对论。

三、核心本质

为了全面系统地总结自然体系的本质，本书重点从现象、相互联系、发展历程三方面出发，对自然体系本质进行了归纳。

1. 透过现象看本质

自然体系的本质是物质。组成自然体系的物质要素并不是单一的种类，物质具有丰富的多样性。生物性物质都是由决定生物属性的基因决定的，而所有的生物基因都具有广泛的相似性。非生物性物质都是由基本粒子组成的，它们的组成方式不同，物质属性也就不同。从现象看本质，自然体系的物质性本质主要体现在生命基因和基本粒子上。

2. 透过相互联系看本质

自然体系的本质是作用，即物质要素之间的相互作用。物质要素可以独立存在，也可以通过物理、化学、生命的方式形成新的物质。一种物质成为另一种物质的条件，失去了物质间的相互作用，自然体系将不复存在。从相互联系看本质，自然体系的本质是维系物质相互作用的作用力。

3. 透过发展过程看本质

自然体系的本质是变化。物质是运动的，一切运动都处于动态变化之中，所有的变化都符合熵增定律。而生命的变化体现在生命的进化中，进化的原则是优胜劣汰、适者生存。从发展过程看本质，自然体系变化的本质在于变化是物质本身。

综上所述，自然体系的本质是运动性。物质是产生运动和变化的根据，各种作用力是产生运动和变化的原因，运动和变化的形态是物质运动的结果。

第三节　社会体系

马克思说过，"人的本质是其一切社会关系的总和。"有人的地方就有社会，人与人之间存在包括经济、政治以及文化等各方面错综复杂的联系，并由此而形成了社会体系。

一、概念内涵

社会体系向来较为复杂。为全面了解社会体系的概念内涵，本书综合分析了各流派的思想，对于包括社会体系定义、分类、性质、特点等进行了总结，得到了一些有益的启示。

（一）主要定义

塔尔科特·帕森斯在《社会系统》中阐述了对社会系统的定义，即社会系统由许多个体行为者所组成，其所处的某种物质性或非物质性环境间具有被文化结构及共有理念与表达方式所明确的关系，在彼此之间相互作用。图1-2给出了社会系统的 AGIL 模型。

适应（Adaptation）：指系统必然和环境发生关系，为了能够存在下去，系统必须通过各种手段控制环境状态，并从中获取所需资源。	目标达成（Goal Attainment）：指系统都具有自己的目标导向，也就是说系统必须有能力确定自己的目标顺序并调动内部能量来实现系统目标。
整合（Integration）：为了使系统作为一个整体发挥功能，必须将各个部分联系在一起，使它们协调一致，相互配合。	维持（Latent-Receptive）：即在系统运行过程暂时中断时，原有的行动模式必须完整地保存下来，以保证系统重新运行时能够恢复正常。

图 1-2 社会系统的 AGIL 模型

贝朗塔菲在他所著的《一般系统论》中对社会系统下定义时，强调的是维持与变化同时存在，既考虑体系的保持也考虑内部矛盾。

马尔腾在《人类生态学——可持续发展的基本概念》中提出了"人类社会系统与其所处生态体系共同进化、共同适应"的观点，它们的关系如图 1-3 所示。

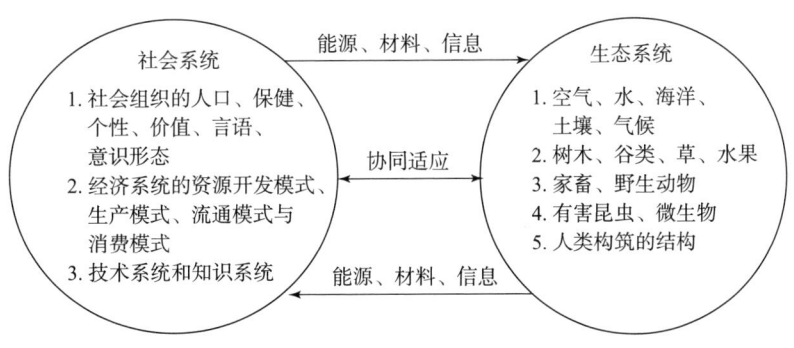

图 1-3 社会系统和生态系统的关系

彼得·切克兰德在《系统思维，系统实践》中对社会体系的定义做了如下阐释：社会系统属于人类行为体系，其形态与意义决定于人类的感觉与理解，如图 1-4 所示。

王慧炯在《社会系统工程方法论》中将社会系统定义为"是由个人及由个人组成的各类群体（如家庭、企业、学校等各类社团及国家），以某种固定关系连接组成的。"

钱学森扩展了贝塔朗菲系统论的基本思想，提出了以整体与部分的关系为研究对象的理论。他把辩证法与系统论结合起来，提出了辩证系统论的观点，该理论后来逐渐发展成为现代系统论。

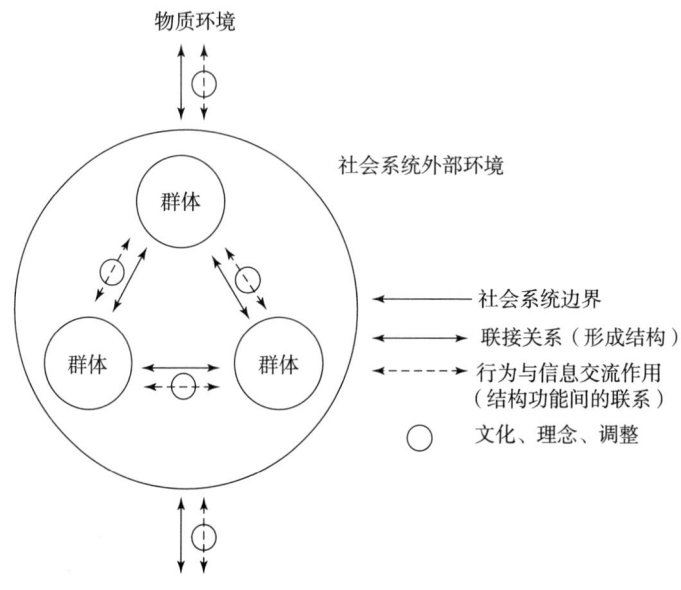

图 1-4 社会体系示意

综合以上思想，我们给出了社会体系的定义：指人与人之间通过相互作用而形成的较稳定的、有组织且相互联系的整体。

（二）主要分类

社会体系通常划分为功能和性质两种模式。前者把社会体系划分为文教、卫生体系等具体的功能性体系，可清晰地了解到譬如人员的分布、工作的分类、体系的作用。后者把社会体系划分为政治体系、经济体系、文化体系，这种划分方式对于任何一个社会体系来说都具有定性的意义，如图 1-5 所示。

为了进一步梳理体系概念，本书从更高的站位出发，除却研究体系内在特性外，还着眼于体系与体系间的相互联系。因此，按照社会本身的性质，将整个体系划分为社会主义、资本主义、宗教主义三类来研究。

（1）社会主义社会体系基于社会主义理念，本质是解放生产力，发展生产力；消灭剥削，消除两极分化，最终达到共同富裕。其在政治上的体现是以工农联盟为基础，多个阶层参加的广泛民主的、体现人民利益的政权形式。

（2）资本主义社会体系基于资本主义理念，是一种以生产资料私有制为基础的社会体系。其主要内容是占有生产资料的资产阶级通过购买劳动力进行剥削。在这种制度下，以其各种形态出现的资本是主要的生产资料。

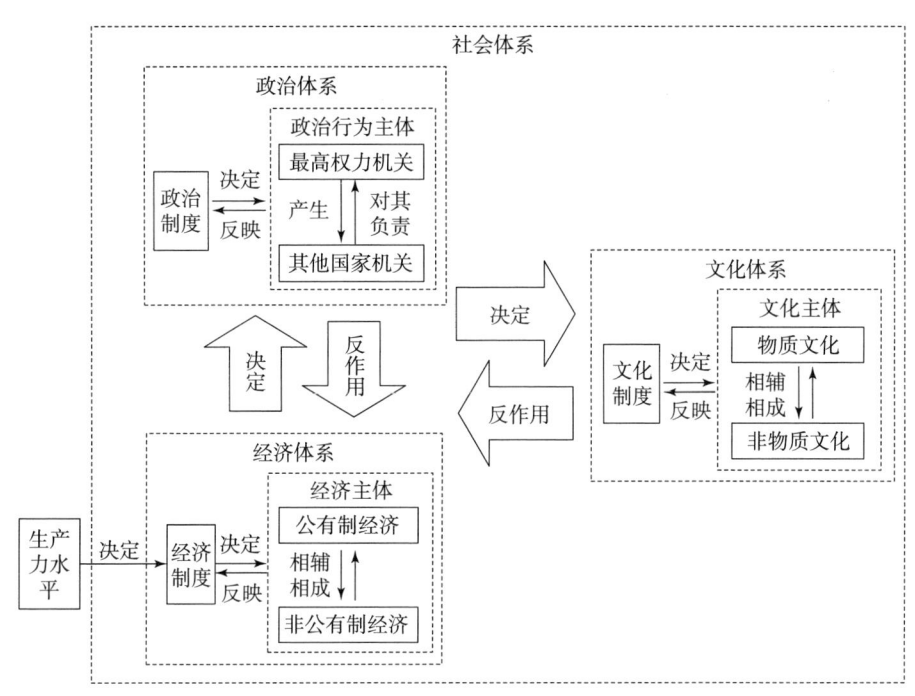

图1-5 社会体系的划分方式

(3) 宗教主义社会体系是以宗教这种特殊的意识形态作为主导的社会体系。在这种社会体系中，宗教作为一种政治语言、文化传统和神圣象征，已成为政治合法性的权威依据。

(三) 性质特点

研究表明，社会体系具有发展性、矛盾性和规律性等特性。

1. 发展性

要想真正稳定，体系内部需要适度调节整合，外部能够容纳异己因素，且整个体系处于动态的、发展的、不断自我更新的状态中。因此，只有以能够促进生产力不断解放和持续发展为导向的社会，才是能够保持着创新能力或潜能的社会。

2. 矛盾性

矛盾性通常具有两种相反的属性，即斗争性及同一性。前者是指矛盾着的对立面之间互相排斥的属性；后者是指矛盾对立面之间的相互依存、相互吸引、相互贯通的一种联系和趋势。社会体系就是在矛盾的对立统一中不断发展和前进的。

3. 规律性

社会体系的规律性与其具有的发展性无法割裂，这种规律性是社会发展过程中内在的本质联系和必然趋势。

二、主要学说

从古至今，诞生了包括原始社会、奴隶社会、封建社会、资本主义社会、社会主义社会等在内的多种社会形态，每种社会形态都有其存在的原因和意义，为人类文明的发展做出了贡献。

（一）主要阶段

对于社会体系主要流派的归纳，重点从资本主义、社会主义、宗教主义三方面出发进行了归纳总结。

（1）资本主义发展历程包括五个阶段，分别是 14—16 世纪的萌芽阶段、17—18 世纪的资产阶级革命阶段、18 世纪中期到 19 世纪中期的自由资本主义阶段、19 世纪 70 年代到 20 世纪四五十年代的垄断资本主义阶段和 20 世纪四五十年代至今的国家垄断资本主义阶段。

（2）社会主义可大概分为五个阶段，包括 1516—1848 年的空想社会主义、19 世纪中期的科学社会主义、19 世纪后 30 年随第二次工业革命兴起的社会主义国家成立、1956 年中国步入社会主义初级阶段、2017 年中国步入社会主义新时代阶段。

（3）宗教主义发展经历了三个阶段，第一个阶段是从 20 世纪 40 年代到 60 年代，伊斯兰教在中东国家的政治生活中渐趋次要的地位。第二阶段是从 20 世纪 70 年代至今的伊斯兰复兴运动的狂涛巨浪。在该阶段中，发生了伊斯兰会议组织的建立、埃及的"易帜"和"伊斯兰革命"的发生等具有深远影响的三大事件。

（二）理论方法

（1）在资本主义方面，以英国经济学家在其著作的《国富论》提出的"看不见的手"理论为最佳诠释。该理论反映了资本主义自由竞争时代的现实。资本主义带来了商品关系的普遍化，促进了生产的社会化；通过对剩余价值的压榨，推动了生产力的巨大发展和整个人类社会的不断进步；劳动者摆脱了类似奴隶制和封建制下的那种对统治阶级的人身依附，实现了法律上的平等和自由。

（2）在社会主义方面，以唯物史观和剩余价值学说为中心理论。前者揭示了社会发展的客观规律，阐述了生产力和生产关系的矛盾作用是社会发展的根本动力。后者揭示了资本主义生产方式的剥削秘密。社会主义使广大劳动人民当家作主；包括中国在内的社会主义国家经济实力实现了大幅增长；人民群众物质生活、精神生活水平有了很大幅度的提高；对全世界政治产生了极大的影响力，带来了独立和民主的新时代。

三、核心本质

社会体系的核心本质分为现象、相互联系、发展过程三个阶段。

1. 透过现象看本质

社会体系的本质是机器。维护社会体系稳定运转依靠的是国家机器，是国家统治的体制和各种法律制度的机制的具体体现。没有强有力的统治，没有法律制度的规范，任何社会体系都不可能有序运转并保持稳定。从现象看本质，社会体系本质是政治，政治是统治力和制度力。

2. 透过相互联系看本质

社会体系的本质是依存。社会体系各要素之间通过生产力产生各种生产关系，相互依存，缺一不可。社会体系与社会体系之间是命运共同体。从相互联系看本质，社会体系本质是发展，发展是社会体系存在的前提。

3. 透过发展过程看本质

社会体系的本质是矛盾。矛盾是社会体系不断演变和发展的根本动力。社会体系的发展始终处于各种矛盾的对立统一、相互转化、新旧更替之中。从发展过程看本质，社会体系矛盾的本质是冲突，只要有人类存在的地方，就会在政治、经济、科技、文化等领域产生利益和认知的冲突，冲突是产生矛盾的根源。

综上所述，社会体系的本质是政治性。也就是说，发展是政治的目的，而冲突和矛盾是政治的条件。

第四节　工业体系

工业是国民经济的主导，若没有工业的存在与进步，国民经济的发展就会受到阻碍。工业体系是指将整个工业生产、研发、制造等活动连接起来，并在此基础上形成的一种复杂体系。工业体系的出现，为整个国民经济的发展提供了保障。

一、概念内涵

工业体系蕴含的概念内涵广泛。为全面了解工业体系，我们从经济全球化等侧重点出发，总结了包括工业体系定义、分类、性质等的相关内容。

(一) 主要定义

赛文秀在《县域经济中的工业化问题》中提到，工业体系是指各工业部门内部或各工业部门间，在结构上具有合理比例、经济上相互联系、技术上协调发展、可合理地利用资源，并具有一定规模、能满足国民经济各方面需求、相对独立的工业生产有机整体。

后来，理论界对工业体系定义比较一致的看法是：工业体系是指一定地域范围内，工业实力及技术的经济活动的有机联系，以及由此而形成的空间流的整体。小到一个工业联合企业，大到一个国家甚至国家集团的工业，只要是拥有的核心技术与装备设施较世界水平先进且完善的大型工业，都可被视为工业体系。

结合上述概念，我们给出了工业体系（图1-6）的定义，即工业体系是指在一定地域范围内，工业实力及技术的经济活动的有机联系，以及由此形成的包括物质流、能量流、信息流等在内的空间流的整体。

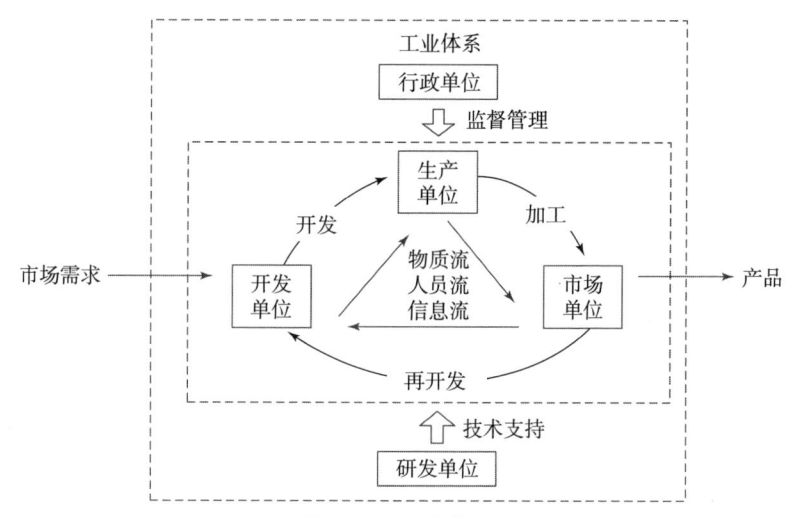

图1-6 工业体系

(二) 主要分类

工业体系通常按照地域范围、工业构成特征、工业布局特征分类。本书给出一种新的分类方法，即按照工业体系的功能将其划分为以下四类。

1. 创新研发体系

该体系通常以创新部门为核心，侧重于技术研发，力求生产出一些高科技、前沿性的、新兴的、具有新价值的代表产品。

2. 产品制造体系

其是指整个体系以产品的加工、生产、制造作为核心，侧重于产品的产出。

3. 商品流通体系

该体系围绕以产品为主，侧重于产品的销售、流通、售后服务等环节。

4. 基础工业体系

该体系是以历次工业革命时期，即以工业 1.0、2.0、3.0、4.0 中的基础性工业为主要特征。

(三) 性质特点

工业体系具有创新性、一体性、基础性等性质。

1. 创新性

创新是现代工业体系构建的原动力。每一次产业革命都产生一大批新兴产业；每一次产业创新都是一个国家或地区成为世界制造中心的根本动因。

2. 一体性

工业体系的一体性存在于两个方面。一方面，体现在要素之间的联系，这是体系稳定的基石；另一方面，一体性体现在体系与体系之间的联系中，后者是体系发展的必然选择。

3. 基础性

在一个国家和社会中，工业体系是国家和社会实力的象征，是国家和社会地位的基础与支撑。

二、主要体系

工业体系按照功能可分为创新研发、产品制造、商品流通和基础工业四种体系，下面分别以马斯克的创新模式、苹果公司的生产模式、华为公司的销售模式、历次工业时期基础工业作为代表对其展开介绍。

(一) 创新研发体系

1. 创新研发体系以马斯克创办的企业为代表

通过自己的创新精神，马斯克创办了 Zip2、X.com、Space X、特斯拉等，在金融、航天、汽车等领域收获了丰硕的成果。

2. 创新研发体系以第一性原理为主要理论

该原理并不是将类似问题的解决方法进行简单的迁移、更新或改进，而是从问题的根源入手，从原点、从基础、从根本出发去分析，追本逐源，创新出新的问题解决思路。

3. 创新研发体系可创造出低成本的优势

其生产出具有更多新功能、新特点的产品,从而满足消费者更高的需求,牢牢把握市场的主动权。另外,创新研发体系还有助于提高企业管理水平。

(二) 产品制造体系

产品制造体系以苹果公司为代表。该公司的经营方向是计算机硬件、计算机软件、手机、互联网服务和掌上娱乐终端,其推出的知名产品包括 iPhone、iMac、iWatch、iPad 等,并且还在不断推陈出新,真正做到了"变革"。

产品制造体系以建立包括劳动力、资源等在内的全球化生产体系为主要理论,该理论倡导全球各地域、各部门分工合作,并且要充分利用各区域的低成本和丰富资源等优势。图 1-7 所示为苹果公司的全球化生产模式。

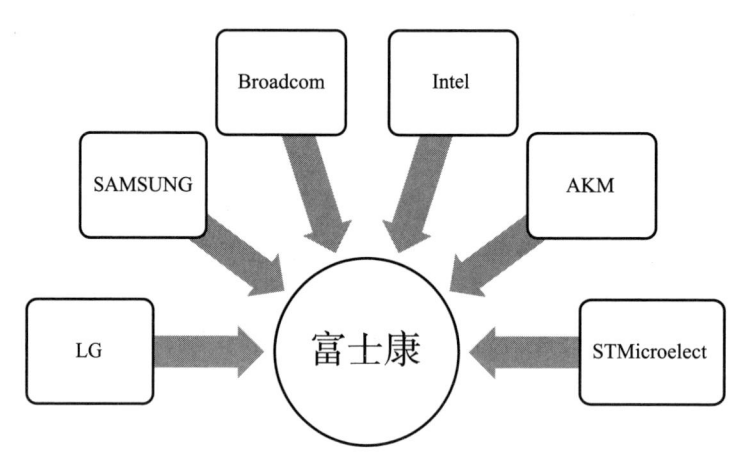

图 1-7 苹果公司的全球化生产模式

产品制造体系可使得企业更加接近市场,进一步满足当地消费者的需求;其能够获取当地资源优势,又能够有效结合各区域先进的技术实力和管理经验;能够一定程度上避开东道国的贸易壁垒限制,顺利地进入国际市场。

(三) 商品流通体系

1. 商品流通体系以华为公司为代表

自 1987 年成立起,华为公司始终专注于信息与通信技术领域,研制生产了多型智能手机、终端路由器、交换机、计算机等,成为中国科技企业中的佼佼者。

2. 商品流通体系以多种营销策略为主要理论

其中包括管道营销、品牌营销、会展营销等多个方面。

3. 商品流通体系有利于全球统一市场的形成

随着商品在各地区间的流通程度的加深,各经济区域之间的横向联系逐渐增强。此外，商品流通体系会加速商品的生产、销售到再生产之间各阶段的循环，促进了农业生产的商品化。

（四）基础工业体系

基础工业按照发展历程可分为四个阶段，如图1-8所示。分别是18世纪60年代至19世纪60年代的蒸汽时代（工业1.0时代）、19世纪末到20世纪初的电气时代（工业2.0时代）、20世纪四五十年代兴起的以原子能和电子计算机为代表的工业3.0时代和21世纪兴起的以信息物理融合系统为代表的工业4.0时代。

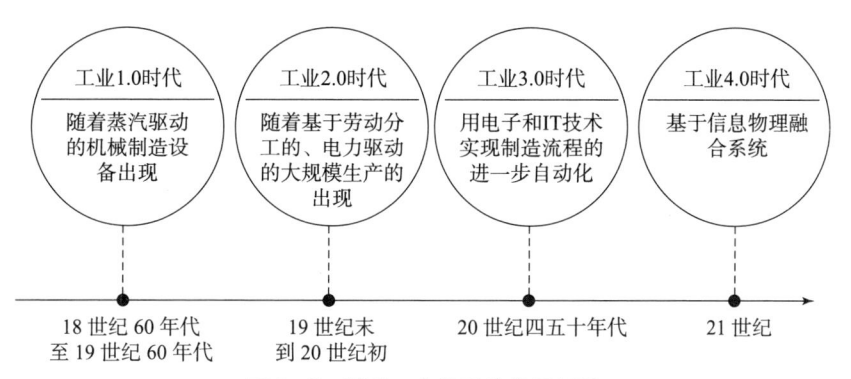

图1-8 基础工业体系的发展历程

不同时期的基础工业体系赖以支撑的理论体系有所区别。对于工业1.0时代而言，蒸汽机、焦炭、钢和铁是促成工业革命技术加速发展的四项主要因素。在工业2.0时代中，科学技术的突出发展主要表现在电力的广泛应用、内燃机等交通工具的创制和新型通信手段的发明三个方面。在工业3.0时代中，以原子能、电子计算机、空间技术和生物工程的发明和应用为主要标志。在工业4.0时代中，"智能工厂""智能生产""智能物流"等智能化产品正式出现。

不同阶段基础工业体系带来成果有所不同。工业1.0使人类步入了蒸汽时代，引领了传统农业社会向现代工业社会的变革。工业2.0使人类步入了电气时代，引领了劳动分工基础上采用电力驱动产品的大规模生产变革段。工业3.0带来了原子能、航天技术等信息化产物，使人类步入了信息化时代。工业4.0带来了物联网、大数据等，使人类步入了信息化技术促进产业变革的时代，即智能化时代。

三、核心本质

1. 透过现象看本质

工业体系的本质是创造。通过工业体系的开发、生产和流通等各种创造性活动，满足人类和社会日益增长的、不断变化的生存发展的需要。科技形态决定工业体系的形态，科技是推动工业体系升级和演变的直接动力，科技力是工业体系的第一生产力。从现象看本质，工业体系创造的本质是创新，基于人类生存发展的需要和科技革命的基础，创新观念、创新理论、创新技术、创新管理。

2. 透过相互联系看本质

工业体系的本质是链条。供应链和产业链是工业体系的基本形态。若没有工业体系内部供应链和产业链的完整性，工业体系将是一个不稳定的体系。若没有工业体系之间供应链和产业链的完整性，工业体系则是僵化、保守和没有生命力的体系。从相互联系看本质，工业体系链条的本质是一体化与全球化。

3. 透过发展过程看本质

工业体系的本质是变革。只有通过变革，采用更新的科技成果，实施更好的管理手段，工业体系的效率和效益才能提高。变革是工业体系演进和发展的内生动力。从发展过程看本质，工业体系变革的本质在于开放，对暂时处于优势工业体系的傲慢，会使工业体系丧失熵减的系统交换，从而走向衰败。为保护现有的利益格局，抵触由于变革带来的利益调整，会使工业体系走向保守和封闭。

综上所述，工业体系的本质是合作性。若没有合作，工业体系就是大而全、小而全的僵化体系。若没有合作，工业体系就会闭关自锁。若没有合作，工业体系就会失去创造力和活力。

第五节　战争体系

克劳塞维茨说过，"战争是一种政治行为，是一种真正的政治工具。"作为政治的延续，战争始终是夺取权力、占领土地、获得资源的政治手段。随着科技、文化等方方面面的发展，战场环境越发复杂多变，战争逐渐由人与人之间的打斗演变至体系之间的博弈，由此衍生出了战争体系。

一、概念内涵

为全面了解战争体系，我们从战争概念出发，归纳包括战争体系定义、分类、性质等概念内涵。

（一）主要定义

对于战争体系的定义，需要从战争的概念进行归纳。

1832年，克劳塞维茨创作的军事理论著作《战争论》出版，揭示了战争的政治属性，即战争是政治的延续，是实现政治统治的手段。

《中国人民解放军军语》对战争的定义是："国家或政治集团之间为了一定的政治、经济等目的，使用武装力量进行的大规模激烈交战的军事斗争，是解决国家、政治集团、阶级、宗教之间矛盾冲突的最高形式。"

目前对于战争较为广泛的理解是，战争是一种集体、集团、组织、派别、国家、政府互相使用暴力、攻击、杀戮等行为，是敌对双方为了达到一定的政治、经济、领土等目的而进行的武装战斗。

基于以上概念，本书形成了战争体系的定义：战争体系即以威慑、遏制、消灭对手作为目的，包括军队、装备等在内的传统战争要素与政治、经济、科技、贸易、外交、文化、教育、舆论等非传统战争要素，通过一定的组织关系和架构有机地结合在一起而形成的整体。

（二）主要分类

战争体系的分类主要源于战争的分类。通常，战争可以按照形态、规模、要素和作战空间分类。为了全面梳理战争体系的发展演变过程，我们按照战争方式对战争体系进行分类，将其分为军事战争体系、军事/政治战争体系、混合战争体系、平行战争体系。

（1）最先出现的战争体系是军事战争体系。由徒手搏斗到冷兵器，由长枪短炮发展到飞机舰艇，军事战争体系依靠的是不断发展的军事装备，通过使用先进的装备达到掠夺资源、开疆拓土等目的。

（2）随后出现了军事/政治战争体系。该体系起源于军事政治仗和政治军事仗这两种重要的斗争形式，是指结合军事手段和政治手段，凭借前者配合后者、后者改变前者的方式创造出了有利的军事和政治形式，让己方处于优势地位，最终达到分化、瓦解、打击乃至消灭敌方的目的。

（3）如今诞生了混合战争体系。该体系在于手段多样、方式多样，不单单局限于军事和政治手段，而是通过利用政治、经济、军事、舆论、外交等各方面资源，统筹协调各方面力量，相互配合、协同联动，用来维护自身利益、应对冲突等。

（4）未来可能形成平行战争体系。其是指某一方不直接参战，而是寻求代理人参战，通过向代理人出售先进的武器装备，提供 C4KISR[①] 支援，透过虚拟空间向代理人的实体空间赋能，使代理人的作战能力发生质的改变。这是一种新型的代理人战争形态，是元宇宙技术发展对战争的直接贡献，也是我们未来将会面临的作战样式。

（三）性质特点

战争体系具有复杂性、动态性、对抗性等性质特点。

（1）复杂性。复杂性是战争体系最突出的特性。以信息化战争为例，战争空间的作战域已从过去的陆、海、空三维空间扩展到太空、电磁、认知等多维空间。随着作战域的不断扩展，战争体系必将增加新的复杂性。

（2）动态性。为了赢得战争，战争体系在组分、结构、特性等各方面并非一味墨守成规，而是根据战争环境、战争对手的不同而改变，是动态、灵活的。

（3）对抗性。战争是敌对双方为了某种目的而进行的武装战斗，是两个或多个利益集团的激烈对抗，表现为双方针锋相对的斗智斗勇，因此具有极强的对抗性，这是战争体系（特别是作战体系）最根本的特点。

二、主要学说

按照战争形态，战争体系可分为军事战争体系、军事/政治战争体系和混合战争体系，整个发展过程呈现出复杂化的趋势，丰富了战争的定义和内涵。

（一）主要流派

针对战争体系各主要流派，本书以军事战争、军事/政治战争和混合战争体系作为出发点进行归纳总结。

（1）在军事战争体系方面，从机械化战争、信息化战争到未来的智能化战争，不同的作战背景下诞生了多位著名的军事理论家，提出的军事观点、作战理论支撑起军事战争体系。其中的代表性著作有克劳塞维茨的《战争论》、约米尼的《战争艺术概论》、杜黑的《制空权》、富勒的《装甲战》等。

（2）在军事/政治战争体系方面，早期，军事政治仗和政治军事仗是两种截然不同、相对独立的斗争形式。前者强调用军事手段达到政治目的，后者强调运用政治手段达到军事目的。二者是相互联系、相互贯通的，呈现出相互配合、紧密结合的状态，由此产生了军事/政治战争体系。

[①] 指挥（Command）、控制（Control）、通信（Communication）、计算机（Computer）、杀伤（Killing）、情报（Intelligence）、监视（Surveillance）、侦察（Reconnaissance）。

（3）在混合战争体系方面，指政治、军事、经济、外交等领域的综合协同。既有传统作战，也有非传统作战，涉及对象包括国家行为体和非国家行为体，手段上包括但不限于破坏对手军事建设、进行经济制裁、利用心理施压、发动舆论攻势，也有的采取通过支持敌国内部反对势力从而形成内部制衡等方式。

（二）理论方法

军事战争体系的相关理论主要分为七个方面，包括作战力量、指挥关系、组织结构、运行机制、作战功能、外部环境和时代特征等。

军事/政治战争体系相关理论主要有三个方面，一是军事必须服从政治需要；二是坚持有理、有利、有节原则；三是军事斗争与政治斗争密切配合，二者是相辅相成的。

混合战争体系相关理论主要有四个方面，一是当今的战争形态发生了混合模糊的新变化；二是作战对手出现混合多元的新变化；三是作战手段出现混合多样的新变化；四是作战力量建设发生混合多能的新变化。

三、核心本质

（1）透过现象看本质。战争体系的本质是利益。战争是政治的延续。战争是保护和拓展利益的工具。战争的利益既包括军事利益，又包括政治利益、经济利益、文化利益、科技利益等。所有战争都围绕利益争夺展开。从现象看本质，战争体系利益的本质是贪婪。例如对大国地位的贪婪，会引发大国之间的竞争和战争；对资源和疆土的贪婪，会引发资源之战和侵吞之战；对金钱和利益的贪婪，会引发金融战和贸易战。

（2）透过相互联系看本质。战争体系的本质是对立统一。对立，体现在战争体系内部就是消除差异、保持平衡；体现在战争体系之间就是博弈和对抗。统一，体现在战争体系的协调和推进，体现在战争体系之间就是某一方战争体系总是依战争体系而存在。从相互联系看本质，战争体系对立统一的本质是博弈。对立是矛盾的主要方面，统一是矛盾的次要方面。博弈是对立统一的内在动力。

（3）透过发展过程看本质。战争体系的本质是全域。从战争为生存服务开始，到战争为政治服务，再到战争为政治、经济、科技、文化等各个领域服务，战争的触角伸向人类社会的全领域、全方位、全维度。没有硝烟的战争，看不见的战争，成为战争的新常态。这些在战争体系内部，体现为战争要素的全面性；在战争体系外部，体现为战争博弈的全面性。从发展过程看本质，战争体系全域的本质是釜底抽薪。不仅依靠军事手段实现政治目的，通过科技、经济、文化、外交、舆论等综合的手段，也可以达到政治目的。通过釜底抽薪的手段，使得一个国家的战争体系失去发展的基础和条件。

综上所述，战争体系的本质是排他性。战争的本质是零和博弈。其在政治、经济、科技、文化等领域的竞争，虽然具有共存性，但本质上是排他的。战争就是通过排他来获得统治地位和既得利益的。

第六节 国防体系

国防是国家的防务，是国家生存与发展的重要保证。战争与和平是人类发展的永恒主题，而国防则始终是各个时期国家建设的重点。一个国家如果没有可靠的国防，就无法抵御外来的侵略和颠覆，就会在政治上、经济上受制于人。

一、国防体系概念与发展

只要人类社会存在阶级和利益划分，国家之间的斗争就一定存在。一个国家要保卫自己的主权、领土完整与安全，抵御外来的侵略和颠覆，就要采取以军事为主体，包括与军事有关的政治、经济、科技、外交、文化等方面的一切措施来保卫国家，这就构成了国防体系。

（一）国防的概念

国防是国家军事事务的统称，是国家在和平时期进行军事斗争准备的综合体现。国防还是国家为提高军事能力而进行一切综合性事务的统称。国防一般由国防建设、国防工业、国防动员、国防研究等综合事务来体现，与国家政治制度、社会建设、国民经济、人口规模、文化素质等息息相关。

国防的形态主要有四种类型：一是扩张型国防，奉行霸权主义侵略扩张政策，对别国进行侵略、颠覆和渗透，将其疆域以外的国家和地区纳入本国的势力范围，并建立与之相适用的国防系统；二是自卫型国防，以防止外敌侵略为目的，在国防建设上，坚持积极防御的战略方针，主要依靠本国的力量，广泛争取国际上的同情与支持，维护本国安全和周边地区和平稳定；三是联盟型国防，为了弥补自身国防力量的不足，以结盟的形式联合相关国家进行防卫；四是中立型国防，始终奉行和平中立的国防政策。

（二）古代国防体系

自从人类社会发展出现了国家，保卫国家安全就成为人类一项重要的社会活动。例如公元前18世纪的古巴比伦王朝，《汉谟拉比法典》中已明确地规定了服役、出征、待遇和惩处等军事方面的条款。另外，古埃及、古希腊、古罗马和夏商周时期的中国等奴隶制国家也对兵员的征集和动员、军队编制、训练指挥等有关国防问题做出了相应的规定。处于封建社会时期的中国国防体系，对外防外族入侵，对内防叛乱、防起义。在古代欧洲国家，既存在着内部各国之间的较量和国内政治集团之间的斗争，还要抵御阿拉伯人、蒙古人的入侵，还伴随着欧洲强国的对外侵略扩张。

（三）近代国防体系

西方近代国防体系从拿破仑时代开始，大致分为两个阶段。拿破仑时代（一直到第一次世界大战结束），属于单纯武力战国防体系阶段，军事行动的政治目标更明确，企图更大，国防行为仅仅依靠军事上的武力较量，凭借力量优势打垮敌人。从第一次世界大战之后开始到第二次世界大战结束，属于总动员国防体系阶段，国防和战争不仅是军事实力的较量，还是国家政治、经济、军事、社会心理总动员力的较量。

（四）现代国防体系

现代国防体系始于第二次世界大战之后。随着科技和社会的发展，现代国防体系也越来越庞大，涉及面也越来越广。其主要特征如下：一是以核威慑为基础的国防体系构架，各大国竞相开展核军备竞赛，通过核延伸保护政策将联盟纳入核保护伞之下，各地区强国纷纷跨过核门槛，竞相发展核力量。二是科技和工业革命的轮番演进，科技的力量成为生产力和战斗力的核心因素，推动武器装备日新月异发展。三是经济全球化和一体化的深入发展，在极大限度地促进了经济的繁荣和发展的同时，也带来了新的不平衡和矛盾，使世界各国的国防体系向着既相互对抗又相互依存的方向发展。四是新的战争形态不断涌现，非战争军事行动日益成为新的战争样式。

二、国防体系的要素

国防体系的要素包括国防战略、国防体制、武装力量、国防经济、国防科技工业、国防动员、国防教育、国防设施、国防法制和国防联盟，具体介绍如下。

（一）国防战略

国防战略是筹划和运用国家总体力量，指导国防力量建设和运用，以维护国家安全的策略。制定国防战略应站在国家全局的高度，从实际出发，科学预测国际形势的发展趋势，着重分析对国家安全构成威胁和挑战的各种因素，正确估量国内条件，寻求在一定历史时期内制止侵略、维护安全的对策，指导国防力量的建设和运用。确立科学的国防战略，有利于理顺国家总体发展与国防建设的关系，统筹协调发展，合理分配并使用有限的资源和力量，不断提高国防实力，确保国家安全。

（二）国防体制

国防体制是指国家防卫机构的设置和管理权限划分的制度。它是与国家的政治体制、经济体制、文化教育体制既相互联系又相对独立的一个概念。

国防体制的内容主要包括国防领导体制、武装力量体制、国防经济体制、国防科学技术和武器装备发展的管理体制、兵役制度、动员制度、国防教育制度等。世界各国都根据各自的国家体制和国情设立了自己的国防体制。

（三）武装力量

武装力量是国家或政治集团的各种武装组织的总称。一般以军队为主，由正规和非正规的武装组织组成。武装力量是国家或政权的重要组成部分，是国家政治集团实行阶级统治、推行对外政策的工具。武装力量的构成受国家政治制度、军事战略、经济条件、地理环境、人力资源和历史传统等多方面因素的制约。世界各国武装力量的总体构成形式是多种多样的，大体上包括单一武装组织和多种武装组织相结合的构成形式。

（四）国防经济

国防经济是国民经济的特殊部分，是保障国家安全、满足军事需要的经济部门、经济制度、经济活动等。各国为了捍卫国家主权和领土完整，防止外来的侵略和颠覆，赢得战争的胜利，都十分重视国防经济的建设。国防经济是在工业革命以后形成的，它是国民经济的一个组成部分，是一个生产、分配、交换和消费各个环节都相对独立的经济系统。由于现代国防建设和现代战争需要更多的人力、物力和资金，国防经济也就越来越具有重要作用。

（五）国防科技工业

国防科技是指为国防服务的自然科学及各种工艺与技术的统称，主要包括国防科技基础理论，武器装备的研制、试验生产、使用与维修技术，国防工程技术，军事系统工程等内容。国防科技工业是指生产武器装备、军事器材、军队生活用品以及国防生产所需要的特殊原料等的一种工业门类。国防科技工业直接为军队以及其他武装力量生产和提供武器装备，大到飞机、军舰、导弹、坦克、大炮，小到子弹、炮弹、穿戴用品。国防科技工业是现代工业之冠，直接决定了军队武器装备的总体水平。

（六）国防动员

国防动员包括武装力量动员和国民经济动员。武装力量动员是对直接参战和为战争服务的人员的动员（又名兵员动员），即国家将军队及其他武装组织由平时体制转为战时体制所采取的措施和相关活动。兵员动员分为平时和战时两方面工作。平时工作主要是保持一支常备军，完善动员体制和管理后备兵员；工作战时主要是征召后备兵员，而且还要随着战争的发展进行持续动员，以数量充足、质量优良的兵员不断地补充部队。国民经济动员是指国家将经济部门及其相应的体制有组织、有计划地从平时状态转入战时体制所采取的措施和活动。

（七）国防教育

国防教育是以保卫国家的主权统一、领土完整与安全为根本目的和要求，通过开展一定的国家观、国防观、国防知识的学习和一定程度的国防体育运动，有计划、有组织地对公民的道德、智力和体质等施以相应影响的一种社会活动。国防教育是建设和巩固国防的基础，是增强民族凝聚力、提高全民素质的重要途径。国防教育的发展程度是一个国家国防潜力的重要体现。

（八）国防设施

国防设施通常指用于国防目的的军事工程。主要包括永久性防御工事、大型指挥所、码头、机场、洞库、战略导弹发射阵地、通信设施、交通设施、营房等，因此也称为国防工程。国防设施是构成部队战斗力的一个重要因素，是保存和发挥军队有生力量的重要物质条件，一般建设周期长，耗资大，质量要求高。在国防设施的建设和维护上，一般由国家统筹安排，统一规划，精心实施。

（九）国防法制

国防法制是指在一定的国防法律规范的思想指导下，通过对国防法律规范的制定、实施、监督、服务、教育、研究等运行与操作环节，建立国防法律秩序的机制系统。国防法律规范的任务是调整国防和军事领域里的各种社会关系，维护国家军事利益，保证国家关于国防和军队建设的方针、政策的贯彻执行。

（十）国防联盟

联盟是指两个或两个以上国家或民族在某个领域相互合作，通过正式协定条约建立的集团。国防联盟是促进国防体系建设的一种重要外交手段。其根据联盟领域的不同，与国防体系的关系有所区别，主要分为四种：一是全面型的政治经济军事联盟，如第一次世界大战中的英法俄协约国，第二次世界大战中的德意日法西斯联盟；二是纯粹的国防和军事联盟，如北约、华约、美日同盟等；三是政治经济领域联盟，如欧盟、阿拉伯国家联盟、英联邦、独联体等；四是经济领域联盟，如东南亚国家联盟、欧佩克、亚太经济合作组织等。

三、现代国防体系的特点

现代国防体系具有对抗性、综合性、转化性和常备性四个特点。

(一) 对抗性

对抗性源于国防的使命任务，是国防体系与生俱来的特点。首先，对抗性体现在国防体系的功能上，国防体系捍卫主权、保卫领土、维护安全、保障发展的功能，都是针对着客观存在的或者潜在的对手，在国防体系的建设过程中，要把具备威慑对手的能力、战胜对手的实力作为主要目标。其次，对抗性体现在战略布局上，各方都致力于构建一个有利于本国的国内外发展环境和优势地位，并通过多种手段来遏制战争或发动战争，以使本国处于有利位置。最后，对抗性体现在主要手段上，国防体系最主要的手段是战争，对抗、博弈、胜负是战争的天然属性。

(二) 综合性

现代国防体系是综合国力的体现。国防体系中，军事力量始终是重点，是硬实力，是打赢战争的主要手段。同时，非军事力量也很重要（包括物质力量和精神力量），它们都是构成现代强大国防的重要因素。国防体系要根据国防战略和具体国内外环境，综合运用军事力量、经济手段、外交策略等多种方法，达到保障国家主权和领土安全的最终目的。

(三) 转化性

国防体系中的各种要素相互作用，可以转化它们之间的关系和体系的整体性能，其中包括武装力量的运用从威慑向实战的转化，经济和科技实力向国防实力的转化，战争潜力向军事实力的转化等。现代国防体系要先立足于强大的威慑作用，力争"不战而屈人之兵"。经济和科技实力向国防实力的转化主要体现在科技力向生产力的转化、生产力向战斗力的转化。战争潜力向军事实力的转化主要体现在平时向战时的转化、国防动员能力向实战能力的转化。

(四) 常备性

国防体系的常备性是指国防体系伴随着国家的诞生而产生，也伴随着国家的发展而发展，始终保持不间断、全方位、多维度的运行状态。国防体系的常备性要求体系建设常备不懈，具有应对各种复杂局面的能力；要求战备常备不懈，始终保持可以随时应对战争的状态。

四、国防体系的本质

（1）透过现象看本质。国防体系是为战争服务的，是国家为遏制战争和准备战争而建立的。在人类社会中，国防体系的作用体现在为国家建立战略优势、赢得战略生存空间方面，如战争时期就是赢得战争，和平时期就是让对手害怕发生战争而让步或者威慑对手不敢贸然发动战争，归根结底就是通过国防体系将国家的实力转化为战争综合能力来压倒对手。国防体系的这种综合能力，在空间上涉及国家利益所涉及的所有空间和作战域；在范围上涵盖国计民生的方方面面；在时间上可以长期发展。从现象看本质，国防体系的本质是国家的实力，是国家遏制战争和实施战争的综合能力。

（2）透过相互联系看本质。国防体系要素之间相互作用、相辅相成，国防战略确定发展方向，国防体制和法制提供制度保障，经济是财力的基础，国防科技工业和国防设施提供物质保障，国防教育和国防动员提供人力保障，而武装力量则是执行手段。各层次之间逐步递进，保障国防体系在发展规模、各要素的比例和发展水平的稳定、良性和有序。在国家层面，国防体系要与政治、经济、科技、文化等体系统筹协调，保持平衡，实现国民经济和国防建设的协调发展和快速发展、科学发展。从联系看本质，国防体系的本质是平衡，保证国防体系与国家整体、国防体系各要素之间、各层次之间的统一与平衡、整体协调与高效。

（3）透过发展历程看本质。国防体系可以有效整合资源和力量，使相应国家在斗争中占据优势，保障和拓展国家利益，捍卫边疆利益。在古代和近代，利益拓展主要是争夺领土和资源。随着现代科技的发展，到了现代，利益拓展演变为国家综合利益拓展，空间维度不断拓展，向太空、水下、网电等方面发展；领域不断拓展，更注重经济、科技、文化等方面；其形态不断变化，放弃传统落后的占领、杀戮，更注重控制、拒止、影响。从发展历程上看，国防体系的本质是覆盖，是对国家利益拓展边界的空间覆盖，是对国家和民族长远利益的时间覆盖，维护国家主权和利益不受侵犯。

综上所述，国防体系的本质是国家实力在国内外两个空间的地位，是国家实力遏制敌对势力的能力基础，是平战结合、平战转换效率的综合体现。

第七节 军事体系

军事是内容极为丰富的复杂系统，是国防、战争、军队、作战和装备等事项的集中体现，而且与政治、经济、科技、文化等领域有着密切的联系。军事体系的时间维度是人类历史上的四次军事革命，即冷兵器军事革命、热兵器军事革命、机械化军事革命、信息化军事革命。

一、军事体系的概念与发展

军事作为特殊的社会历史现象，有其自身的发展历史和规律本质。随着社会生产力的发展和社会形态的变化，特别是科学技术的进步和在军事上的广泛应用，导致了军事实践范围的扩大和认知水平的不断提高，战争形态与军事体系范畴也随之变化更新。

(一) 军事体系的概念

在1997年版《中国军事百科全书》中,"军事"是指一切与战争和国防直接相关的事项,主要包括战争准备与战争实施、国防和军队建设等活动。在1999年版《中国大百科全书》中,"军事"是指以准备和实施战争为中心的社会活动。在2008年版《美国国防部军语及相关术语词典》中,"军事"是指运用一国武装力量,通过使用武力或以武力相威胁,达成国家政策的各项目标的艺术和科学。在2009年版《辞海》中,"军事"是指一切与战争和国防直接相关的事项。主要包括战争准备与实施、国防建设与军队建设、国际军事安全与合作等。在2011年版《中国人民解放军军语》中,"军事"是指一切与战争、国防和军队相关的事项,包括准备战争、实施战争、遏制战争,国防战争和军事建设。

军事不是孤立的活动,它涉及国家的政治、经济、科学技术、文化教育,以及意识形态等各个方面,既受这些因素的制约,又对它们产生不同程度的影响。与军事有关的各项事物组成了一个复杂的大系统,构成一个以军事活动为中心的体系。

综上所述,军事体系是指将包含军事思想、军事战略、军事体制、军事力量、武器装备、联勤保障等与军事直接相关,和经济、科技、文化、意志等与军事间接相关的各类事物,按照一定的组织关系和架构有机地结合在一起形成的整体,是准备战争和实施战争的物质基础。

(二) 军事体系的发展

1. 冷兵器战争时代的军事体系

冷兵器战争时代军事体系是在人类社会初期,以部落冲突、奴隶主或封建主利益争夺、阶级对抗为中心的准备战争和实施战争的各种事物。奴隶制国家产生后,军队成为国家机器的重要组成部分。封建社会时期的战争大致表现为王朝战争、民族战争、争霸战争、农民战争、宗教战争等。在冷兵器战争时代的军事体系中,军事理论以《孙子兵法》《论军事》《战争艺术》《谋略》为代表,装备形态以刀、剑、戈、弓箭、铠甲、盾、畜力车为代表,作战域以陆地为主,兼顾内水和近海,力量形态以步兵、骑兵为主,城池、要塞、堡垒地位重要。

2. 热兵器战争时代的军事体系

热兵器战争时代是资本主义生产方式占统治地位的时期。军队的编组形式逐渐发展为由步兵、骑兵、炮兵和水兵等多兵种组成,而装备火枪火炮的新型步兵则成为主要兵种,炮兵成为独立兵种。在热兵器战争时代的军事体系中,军事理论以克劳塞维茨的《战争论》《战争艺术概论》为代表,装备形态以枪械、火炮、军舰为代表,作战域从陆地向海洋拓展,力量形态由步兵、骑兵、炮兵向水兵等多种作战力量拓展。

3. 机械化战争时代的军事体系

两次世界大战强烈推动着军事技术和武器装备的进步,加快了军事体系的发展,交战双方大量使用坦克、装甲车、飞机、火炮、军舰和潜艇等现代武器装备,由此而出现了闪击战、大纵深作战、诸军兵种大规模合同作战、登陆与抗登陆作战、潜艇战与反潜战新的作战形式与方法。以核武器和核战略为基础,超级大国谋求核霸权、核均势、核威慑。机械化战争时代的军事体系,军事理论以《闪电战》《空权论》《海权论》《核威慑理论》为代表,装备形态以坦克、装甲车、飞机、火炮、军舰、潜艇与核武器为代表,作战域为陆、海、空并重,力量形态以涵盖作战域的军种,即陆、海、空、导弹部队为主。

4. 信息化战争时代的军事体系

冷战结束后的历次战争中,信息技术、精确制导技术、雷达隐身技术、人工智能技术、航空航天技术的迅猛发展和广泛应用,深刻地改变了战争的形态和面貌,引发以信息化为标志的第四次军事变革。信息化战争时代的军事体系,军事理论以网络中心战、体系作战、外科手术式打击为代表,装备形态以C4KISR 信息作战体系、信息化武器装备为代表,将导弹任务链通过网络和指挥控制构成信息化作战体系,作战域拓展为陆、海、空、天和网络电磁,力量形态也发展为陆军、海军、空军、导弹部队、太空部队和网络电磁部队。

二、军事体系的要素

军事体系的要素包括军事思想、军事战略、军事体制、军事力量、武器装备和联勤保障。

(一) 军事思想

军事思想是按照人类科技发展水平而产生出来的军事哲学与军事实践,包含战争观、方法论、战略思想、指导思想、军队建设思路、国防建设特色等具有超前意识的认知集合。古今中外,很多重要的军事思想影响了世界军事历史的发展。这些军事思想的来源既有时代背景,也有战争实践,通常是那个时代军事思想的集体结晶。

(二) 军事战略

军事战略是指导战争、战争准备、军事斗争准备和军队建设以及其他直接相关的各种活动的总体性和全局性方略。军事战略决定着军事体系的发展方向和领域、军事体系的内外关系,其构成要素包括战略目的、战略方针、战略力量、战略措施等。在现代军事战略发展中，西方曾出现过联盟战略、"威慑"战略、"前沿防御"战略、"灵活反应"战略；苏联/俄罗斯曾使用过火箭核战争战略、全球积极进攻战略、"现实遏制"战略；而我国则主要奉行积极防御战略。

（三）军事体制

军事体制是指国家、政治集团或军事集团为组织、指挥、管理、维持、储备和发展武装力量，所制定出的制度和所确定的组织结构、机构设置、领导和隶属关系的统称。军事体制是国防体制在军队中的具体体现。其具体包括军队编制、军种划分、法律制度、后勤保障、教育演训、管理机制、武器试验、装备采购等要素。

（四）军事力量

军事力量是指国家或政治集团拥有的遂行军事任务的各种组织、人员及其武器装备等的统称，由作战力量和保障力量等组成。一般来讲，军事力量的重点是军队、正规军、常备军。另外，军事力量还是军事体系中的主体性因素，是军事思想和军事战略的执行者，是武器装备、军事设施、联勤保障的使用者。

（五）武器装备

武器装备是武装力量用于实施和保障战斗行动的武器、武器系统以及与之配套的其他军事技术装备的统称，包括用以杀伤敌有生力量、破坏敌方设施的各种战斗装备和实施技术与后勤保障的各种保障装备。武器装备是武装力量建设和进行战争的物质基础，是军队战斗力的重要组成部分。随着科学技术的迅猛发展和广泛应用，当今的武器装备已经发展成为庞大而复杂的武器装备体系。

（六）联勤保障

联勤保障主要是指后勤保障和装备保障。现代军事体系的联勤保障包括财务保障、物资保障、卫勤保障、交通运输保障、军事设施保障、装备技术保障和装备作战保障。

三、军事体系的特点

（一）服从性

军事服从于政治，军事体系必须服从于整个国家治理体系。军事体系的发展必须服从于国家的整体发展。军事体系要为国家整体利益服务，为国家的发展保驾护航，为国家利益拓展提供支撑。

（二）特色性

军事体系的特色性是指军事体系应具有本国特色，其发展水平应与国情相适应。对于地理位置而言，历史上沿海国家擅长海战，草原民族擅长组建骑兵部队。有的国家幅员辽阔，人口众多，自然兵多将广，还拥有众多军事设施。有的国家经济和工业基础雄厚，可以建立独立的军事工业体系。而那些四周强敌环伺或者始终处于矛盾焦点中的国家，多采用军民一体的军事体系。

（三）对抗性

战争的本质是消灭敌人、保存自己。这一本质决定了战争是一种零和博弈。对抗性是战争最本质的特性。在军事体系建设阶段，要瞄准现实的或者潜在的敌人。针对确定的对手，军事体系在战争阶段以暴力手段为主对其实施打击，此时的对抗性最为激烈。

（四）系统性

系统性是指军事体系是一个通过各要素之间相互联系和相互作用而构成的有机整体。军事体系的系统性要通过要素之间、各发展阶段之间以及各层次之间的合理架构、优化配置和协调发展来实现。在国家层面上，系统性要求实现军事体系与国计民生的其他体系之间的协调发展；在军事体系中，系统性要求实现军事体系各要素、各阶段、各方面均衡发展，从而实现各方向、各领域的协调推进。

四、军事体系的本质

（1）透过现象看本质。军事是政治的延续，是为了政治目的而产生的。即在政治的驱动下，军事力量在军事设施、后勤物资的支援保障下，通过使用武器装备，执行消灭敌人、攻占要地等特定的任务，最终实现夺取政权、收复领土等目的，因此军事体系是战争工具、暴力工具。战略决策、作战指挥、力量建设、支援保障的终极目的都是提高军事力量和个人的军事能力，以此来战胜敌人。从现象看本质，军事体系的本质是工具，是为实现政治目的而通过一定组织制度、利用各种资源去战胜对手的战争工具、暴力工具。

（2）透过相互联系看本质。从敌我联系上看，军事体系的本质是对抗和博弈，是相对立的两个国家、组织之间的较量，即通过军事体系的积极构建具备能够压制对手的实力，在战争状态下则需要具备战胜对手的能力。联系的过程是动态博弈的过程。随着科技的发展，这种博弈的范围更广、程度更深、时效性更强。从联系看本质，军事体系的本质是博弈。

（3）透过发展历程看本质。军事体系的发展史是体系作用力从低级到高级的过程，是科学技术进步的发展史，是战斗力升级换代的发展史。在冷热兵器战争时代,军事体系能力的核心的是组织力;在机械化战争时代,军事体系能力的核心是对于化学和机械能量的转化力与控制力;在信息化战争时代,军事体系能力的核心是信息的聚合力。从发展看本质,军事体系的本质是能力。

综上所述,军事体系的本质是战斗力,是维护和平、遏制战争、打赢战争的能力。

第八节 作战体系

作战是指敌对双方打击或抗击对方的武装行动,包括战争、战役、战斗范围的各种类型、形式和样式,作战体系支撑各种类型的作战行动。

一、作战体系概念与发展

作战体系伴随着战争的出现而出现,其是由相互依存、相互作用的各种作战要素、作战单元、作战系统在一定环境中组成的实现特定作战功能的整体。

(一) 作战体系概念

作战体系是指为完成规定的作战任务,针对特定的作战对手,在一定的战场对抗环境下,作战力量人装结合的有机整体。其定义包含了"人、装、敌、环"四要素,指向了作战任务使命,揭示了敌对双方的对抗博弈本质,突出了主体客体的相互作用。

"人、装、敌、环"四要素来源于对战斗力的重新解读和定义。此处借鉴生产力的概念和定义,即生产力是指人类征服自然、改造自然的能力,包括劳动者、劳动资料和劳动对象三大要素。在这个定义中,将劳动对象纳入生产力要素之中具有特殊意义,同样的劳动者和劳动资料的条件下,劳动对象不同,则生产力水平也不同。也就是说,生产力随劳动对象的变化而变化。同理,战斗力是指军队遏制战争、打赢战争的能力,包括作战人员、作战装备、作战对手和作战环境四大要素。在同样的作战人员、作战装备条件下,作战对手不同,则战斗力水平不同,作战环境也不同,战斗力水平亦不同。也就是说,战斗力随作战对手和作战环境的变化而变化。

从"人、装、敌、环"四要素定义战斗力的意义在于:一是战斗力要素中,既包括人(作战人员)的因素,又包括物(作战装备)的因素,体现了人装结合的属性和程度;二是战斗力要素中,既包括人装的主体性因素,又包括敌环的客体性因素,体现了主体与客体的矛盾对立统一的属性和特征。

在"人、装"的主体性因素中,人是第一位的、起决定性作用的因素,物是第二位的、起保障性作用的因素。战斗力主体能力的提升,不能仅仅依赖于提高武器装备的水平、规模和能力，还要提升作战人员的政治觉悟、技战术水平和不怕牺牲的战斗精神。

在"敌、环"的客体性因素中，作战对手是需要战胜的敌人，作战环境是需要克服的困难，都与"人、装"主体性因素相对立。因此，若要提高战斗力水平，不能盲目地建设军队和发展装备，必须先瞄准主要的敌人和主要的战场，再发展克敌制胜、适应国情军情、非对称的作战力量。只有这样，在主客体的矛盾对抗中，主体性因素才占先机，才能成为矛盾的主要方面，才能推动矛盾的转化，才能真正战胜敌人、打赢战争。

（二）冷兵器战争时代的作战体系

冷兵器战争时代作战体系的"人"和"敌"主要由氏族部落原始人、奴隶主、奴隶、封建主（地主、贵族）、骑士（世兵、武士）、农民和自由民等组成。"装"的发展历经了石器时代、青铜时代和铁器时代。随着金属兵器和工具得到大量普及，士兵的体力在一定程度上得到了延伸和传递，当时单兵使用的主要是刀、剑、斧、矛、弓箭等兵器和马匹，而军队可以集体使用攻城器械、畜力车辆和船只。至于"环"的方面，这一时期已经能够利用自然环境，开始逐步开展构建和改变战场环境的活动。战场环境先以陆地战场为主，逐步拓展至内水战场和近海战场。

（三）热兵器战争时代的作战体系

作战体系中的"人"和"敌"，往往都是具有一定规模的、成建制、训练有素的正规军队。他们使用的武器装备以枪炮为主，而运输工具则在传统的畜力车、帆船的基础上出现了使用蒸汽机的火车和轮船，武器的射程和毁伤能力也在逐步提升。因此，对于环境的构建和改造能力大大提升，战场范围更加扩大，作战域从以陆战为主扩展为陆、海并重。

（四）机械化战争时代的作战体系

大炮、坦克、军舰、飞机、导弹的工程化实现，使军队建设和军事思想出现重大转变，战场维度开始向多维多域方面发展。作战体系中的"人"和"敌"，仍以正规军队为主。由于战争规模的扩大，军队的组成人员更加广泛，吸纳了数量庞大的平民加入其中。武器装备的重要性更加提升，装备性能上的优势和装备运用在战术战法上的领先，可以获得巨大的战场优势和空前的胜利。随着航空飞行器的诞生和空战武器的发展，战场环境由陆地、海洋向天空拓展，战场范围更加扩大，前线和后方的界限已经不再明显。

（五）信息化战争时代的作战体系

由于攻防技术的专业化，作战体系的一个主体——人，在向专业技术人员转变，只有具备一定技术，才能在信息化战场上辨别目标环境、操作武器设备。作战体系的另一主体——装备，只有具备信息化的特点，才能实现与整个装备体系的互联互通，才能适应战争的多维化、实时化。战场环境在向太空和深海拓展，而与信息相关的网络电磁环境则成为战场环境构建的重点领域。随着智能技术的发展，后信息化战争时代的无人作战、自主作战、分布式协同作战等逐步成为新的战争模式。

二、作战体系的特点

（一）任务性

作战体系和作战任务之间有紧密联系，不同的作战任务由不同的作战体系来承担。作战体系的任务性主要体现在以下几个方面：一是特定的对手，对手不同，对手的作战体系不同，我们与之交战的作战体系亦不同；二是特定的目标，需要明确进攻和打击的作战目标，目标不同，我们与之交战的作战体系亦不同；三是特定的战场，对于同样的对手和目标，如果所处的战场不同，所处的作战域不同，我们与之交战的作战体系亦不同；四是特定的要求，即作战的目的不同，如消灭敌人、击退敌人、毁瘫体系、威慑造势等，我们构建的作战体系亦不同。

（二）博弈性

现代战争是体系与体系的对抗，是作战体系之间的时间差、空间差和能量差的较量。作战体系的博弈性，一是体现在作战体系的空间差上，就是要看敌对双方的作战体系所能够覆盖的战场范围的大小；二是体现在作战体系的时间差上，就是要看敌对双方的作战体系谁能够更快地实现任务链的闭环；三是体现在作战体系的能量差上，即要看敌对双方中哪一方的作战体系能够持续地保持空间差和时间差的能力。

（三）动态性

作战体系博弈的过程始终处于动态变化之中。从人的因素方面看，作战部队在对抗中会发生减损，指挥员的临场指挥会产生错误，部队的阵位和布势始终处于运动变化之中。从装备的因素方面看，随着作战的深入，装备的性能和规模会出现耗损，装备的性能和能力始终处于动态变化之中。从作战对手的因素方面看，敌人的体系部署、力量运用、战术战法等会随着作战进程始终处于动态变化之中。从战场环境因素方面看，作战越激烈，战场环境越复杂，战场环境始终处于动态变化之中。

（四）能动性

能动性体现在作战体系中，就是指人是主体性要素、是核心，人的主观能动性在作战体系中有着至关重要的作用。在作战体系的发展历程中，装备从形态到能力的发展变化是非常巨大的，而且仍在不断提升中；今人和古人在身体机能上没有什么差异，变化的是精神因素，是思想，是对科学技术的掌握程度。发挥能动性，需要加强军事训练，做到"人装结合"，使人与装备相互赋能，整体大于局部之和。若要发挥人的能动性，就需要做到技战结合，采用灵活机动的战术战法应对复杂的战场形势变化。若要发挥人的能动性，就需要提升精神因素的作用，以此来培养顽强的战斗意志。

三、作战体系的本质

1. 透过现象看本质

作战体系的主体是人。人的主观能动性可以产生无穷的精神动力和战斗力，可以弥补装备存在的差距，可以消除战场产生的不利影响。人的主观能动性可以发挥装备的潜能，成为装备战斗力的倍增器。人的主观能动性可以调动和迷惑敌人，使敌人始终处于被动应变和被动挨打之中。从现象看本质，作战体系的本质是人，而不是物。

2. 透过相互联系看本质

作战体系首先是主体和客体的结合，人和装备是作战体系中的主体因素，环境和敌是作战体系中的客体因素，主体因素和客体因素之间是相互依存的关系，人与敌是矛盾的两个方面，二者既相互对立，也共存共生，有我有敌才有作战体系。作战体系其次是主体因素中人和装备的结合，为提升体系能力，需要追求人与装备的良好结合，使人与装备相互赋能，整体大于局部之和。从联系看本质，作战体系的本质是结合。

3. 透过发展历程看本质

作战体系的形态，主要由武器装备的形态来决定。武器装备的形态，主要由科学技术的发展形态来决定。因此，作战体系的发展历程体现了武器装备的发展历程，体现了科学技术的发展历程。从这个意义上讲，作战体系是客观的，是不随人的意志转移的。只有顺应作战体系发展演变的客观规律，只有发展和建设与科学技术相适应作战体系，才能够在体系对抗中占据主动和有利的地位。从发展看本质，作战体系的本质是装备。

综上所述，作战体系的本质是克敌制胜，是依靠人、装和人装结合的综合性力量，战胜敌人。

上述体系，给了我们三点启示：一是体系是复杂的，其本质是简明的；二是体系是联系的，联系是普遍的；三是体系是发展的，发展是动态的。这对于我们研究导弹作战体系具有重要意义。

第二章

导弹杀伤链

传统的任务链起源于空空作战行动,始于侦察发现,终于作战行动。它是一切作战行动抽象出的逻辑表达,它既表明了任务链的要素,又表明了要素之间的顺序和关系,更揭示了任务链闭环时间的长短决定了作战胜负的制胜机理。

第一节 导弹杀伤链的概念

将任务链对应到导弹作战任务,就出现了打击链的概念。对于进攻性导弹作战而言,打击链可以表征为发现—分类—定位—瞄准—打击的任务过程;对于防御性导弹作战而言,打击链可以表征为发现—分类—跟踪—瞄准—打击的任务过程。这种关于任务链和打击链的表征更注重任务和打击过程的描述,更注重行动和打击之前的"因",而没有表征行动和打击的过程,也没有关注行动和打击的"果"。这正是"导弹杀伤链"概念提出的原因。

一、重新定义的导弹杀伤链

图2-1所示的导弹杀伤链(Missile Objective Kill Chain,MOKC)是指从导弹作战任务筹划至导弹作战评估的闭环过程,是由导弹筹划链(DDPA)、导弹任务链(OODA)、导弹飞行链(ADDA)、导弹毁伤链(CRCR)和导弹评估链(MDCC)"五链"组成的小闭环,循环衔接而构成的大闭环,是先将导弹作战任务分解为专项子任务,再由子任务聚合为整体作战任务的一个系统过程。

二、导弹杀伤链的误区

关于导弹杀伤链,以往人们进行过多次讨论,其中的内容更多涉及内涵和流程。而对于构建和闭合杀伤链中的误区则较少触碰,而这恰是研究杀伤链的意义所在。如果不深入剖析这些误区及其根源,就难以避开闭合杀伤链的陷

第二章　导弹杀伤链

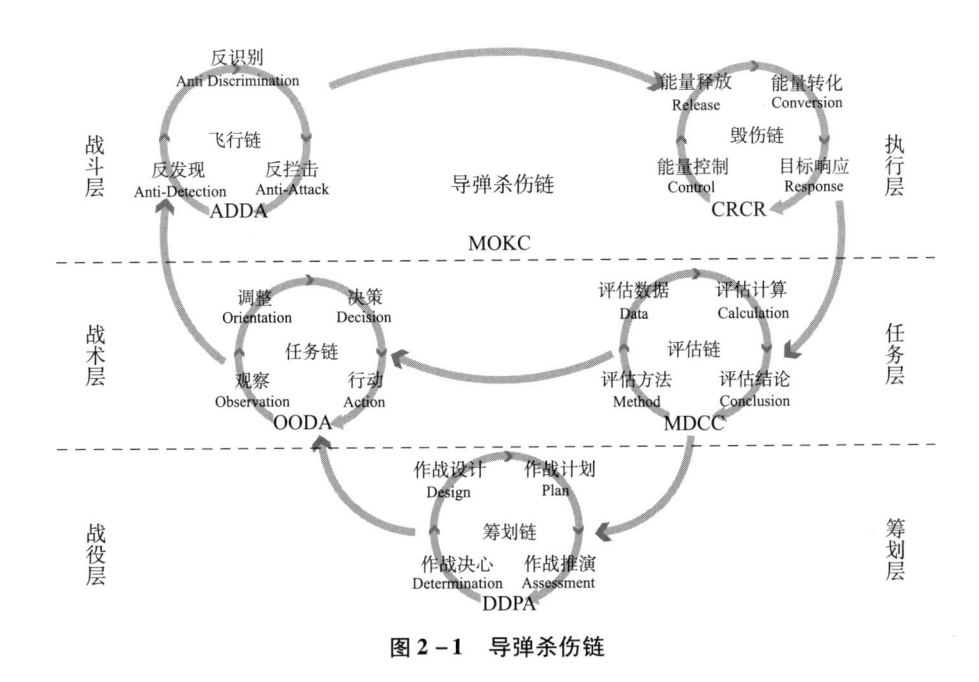

图 2-1　导弹杀伤链

阱，就难以建设强大的杀伤链体系，就难以快速实现杀伤链闭合，就难以夺取导弹作战的胜利。

OODA 是导弹杀伤链的本质表征，既阐述了构建杀伤链的四类要素，又体现了四类要素之间的衔接关系。若要实现杀伤链的闭合，不仅需要四类要素各尽所能，更离不开要素之间的高效衔接。要夺取导弹作战的时间差优势，不仅已方需要实现快速闭合，而且需要迟滞敌方杀伤链的闭合。这就构成了导弹攻防作战中，围绕着杀伤链闭合和反闭合形成的攻防博弈和对抗。闭合需要杀伤链体系的完备和弹性，反闭合需要杀伤链体系的多样和兼容。实现闭合与反闭合的结合是导弹杀伤链体系的职责；攻防闭合与反闭合的博弈，是导弹杀伤链体系在战斗。好用、实用、管用的导弹杀伤链需要在博弈的条件下实现杀伤链闭合和反闭合的使命。这样去定义和理解导弹杀伤链，就会扩充导弹杀伤链的内涵和要素，就会拓展导弹杀伤链的使命和任务，可以使杀伤链体系不仅用于打击目标，而且用于破袭敌方杀伤链体系，也可以使杀伤链体系不仅完成攻击使命，而且还要抵御敌方实施的体系破击。导弹杀伤链是攻防一体的杀伤链，杀伤链体系是攻防结合的体系。若缺少这样的认知和理解，就会造成导弹杀伤链功能的缺失，也会造成杀伤链体系的残缺。

为了更准确地理解 OODA 的四类要素，将第一个字母"O"定义为发现和识别，将第二个字母"O"定义为定位和跟踪，将第三个字母"D"定义为规划和决策，将第四个字母"A"定义为打击和摧毁。传统导弹杀伤链的构建模式往往较为固化的模式，这种模式是由美军率先发展的，也是美军正在打破的。为了实现目标发现和识别的清晰，将分布在不同作战域的传感器所发现的目标信息进行融合处理，通过多信息融合发现和识别目标。往往需要构建一个信息中心，汇集各方传感器信息，形成一个综合的融合结果，完成一个"ΣO"的要素使命。为了实现精准定位和跟踪，将不同来源和精度的定位跟踪信息进行融合处理和综合择优，从而得到目标的定位和跟踪结果。这个过程往往需要构建一个目标中心，汇集多元定位和跟踪信息，形成一个综合的融合结果，完成一个"ΣO"的要素使命。为了实现集中统一的决策指挥，需要构建一个指挥中心，汇集战场中的各种信息，利用两个"ΣO"的结果，围绕上级意图和指挥员决心，进行作战筹划和任务规划，从而形成作战决策和指挥命令，完成一元化"D"的要素使命。为了实现对目标有效打击的目的，需要调用多种导弹作战力量，这些力量分布在不同的作战域，部署于不同的作战平台。导弹的种类往往各不相同，为了实现高效的突防和打击，需要对不同的导弹作战力量进行统一的规划和运用，从而实现多种和多发导弹的协同攻击，实现一个"ΣA"的要素使命。

如此构建出的杀伤链体系，是一种"$\Sigma O \Sigma OD \Sigma A$"的杀伤链体系。同类要素的融合会增加体系的弹性，决策指挥的单点会形成体系的瓶颈，作战流程的串行会造成体系的脆弱。要素的融合并不会带来体系弹性的倍增，杀伤链路的串行和指挥决策的单一，构成了这种体系的"七寸"。"七寸"损害了体系的弹性，为敌方的反闭合行动提供了靶向。

这种中心化的体系架构，体现的是一种逐级指挥的体制，呈现出的是一种树状的体系模式。这种架构模式会产生三种后果：一是延长信息流动的时间，指挥的层级越多，信息流动的链路就越长，杀伤链闭合的周期就会延长。二是增加了信息链的容量，需要汇集的信息越多，就需要更多的信息链路，也需要更大的信息带宽，从而增加了信息网络的成本。三是提升了中心的脆弱程度，每一个中心都是体系的节点，它们将成为体系的薄弱点。一旦中心受到打击，体系的能力将会被极大限度地压缩。同时，由于传感器前置和中心后置的错位，战场信息由前向后流动，而指挥和行动则由后向前推进，这种信息流的折返劳顿，也是造成杀伤链闭合延缓的重要原因。

在导弹杀伤链问题上的误区，源于对杀伤链内涵认知的不足，源于对杀伤链闭合规律的不清，源于对杀伤链对抗本质的模糊，源于对杀伤链构建要求的缺失。如何走出导弹杀伤链误区，在于造成误区的根源之中，在于去中心化的趋势之中，在于"马赛克战"①的启示之中，在于网络信息技术的发展之中，在于信息化与数字化的区别之中，在于战争形态的演变和颠覆之中。

第二节 导弹筹划链

导弹筹划链是导弹杀伤链的第一阶段，负责为杀伤任务提供指挥和决策。

一、概念与组成

导弹筹划链由作战决心（Determination）、作战设计（Design）、作战计划（Plan）、作战推演（Assessment）四个部分组成，如图2-2所示。其中，作战决心是指挥员对作战目的和行动做出的基本决定。作战设计是对作战场景、交战过程和应对策略的总体考虑，是一项智慧集成的系统工程。作战计划是军队为达成作战任务而制定的，指导作战准备、作战行动的指挥文书。作战推演是在与敌方

图2-2 导弹筹划链

相同的时间和空间中，将作战计划通过计算机进行仿真和模拟，对战争的发展过程进行预测，最终输出作战结果的过程。

完整的作战筹划是指挥机构根据对战场态势的掌握和预判和指挥员的决心意图进行的作战方案设计，其根据作战方案制定作战计划和作战行动。首先，明确作战行动的要素要点，然后对作战计划进行作战推演，发现存在的问题，优化迭代作战方案和计划，直至计划满足指挥员决心意图。经批准的作战计划既是指挥机构作战筹划的结果，也是任务部队实施作战行动的根据。一个完整的作战筹划是一个复杂的系统工程，涉及对指挥员决心意图的准确理解，涉及对敌情我情环情的全面把握，涉及对战场态势发展变化的精准预判，涉及对作战方案设计的匠心独运，涉及对作战计划制定的周到细致，涉及对任务部队行动能力的了如指掌，涉及对作战推演结果的评估认定，涉及对方案计划优化调整的反复迭代。

二、战前筹划

若要制定最优的、完美精准的计划，则需要更多的数据和更多的方案，越

---

① 2018年9月5日，美国国防高级研究计划局战略技术办公室主任蒂莫西·格雷森提出的一个作战概念。

需要更多的比较、更多的迭代，越需要更多的人力、更多的时间。这样的筹划过程在平时尚可从容应对，若是在激烈对抗、瞬息万变的战时，并不存在这种理想筹划的条件和可能，这就需要做好战前和战时两类筹划。

在战前筹划中，一要战略性地研究回答 4W1H 的问题，即和谁（Who）打、在哪里（Where）打、什么时间（When）打、为什么（Why）打、怎样（How）打的问题，想清楚研究透这些战略性问题方能确定作战的战略指导和作战原则，战略性的问题想明白了，方案和计划只是操作性问题，就不会偏离正确的方向。

二要知己知彼百战不殆，这是作战的常识问题，本不应是问题，问题在于常犯的两个错误：第一个是对自己实力的盲目乐观，对自己问题的视而不见；第二个是知彼所知道的，只是自己想知道的，只是自己希望知道的，所以放大了知彼的"知"，就有可能忽视了真正的"彼"。对敌人的认知偏颇的"知"是导致作战被动乃至失利的根源。

三要立足最复杂最困难的情况，战争总是不确定的过程，这时需要有底线的思维，把所有可能出现的最复杂、最困难的情况预想到并开展作战设计和计划制定。

四要依靠实兵演练检验计划，否则即使作战计划再完美，作战推演再优秀，没有经过实兵的实战性检验，就等于纸上谈兵、坐而论道，在实战中的运用都要慎之又慎。

由此可见，战前作战筹划的结果是一种作战方案集和计划集，而不是所谓最优次优的单一计划，计划集里一定有一个基本的计划，其他计划都是基本计划的变种，都是基本计划面临特殊情况的演化。计划集的科学性、针对性和有效性是实施作战行动的底气和保证。

三、战时筹划

战时筹划是一种典型的风险筹划，是在信息不完备情况下的筹划，是筹划结果面临不确定风险的筹划。

战时筹划可能分以下几种情况：

（1）"按剧本"实施的作战。在某方拥有压倒一切的优势的情况下，其完全拥有战争的主动。在这种情况下，一切按照战前筹划的计划行动，一切都在预先预料预判之中，即使出现微小的偏差，也可因力量的悬殊而忽略不计。在一边倒的战争博弈中，几乎不需要进行战时筹划，指挥员的角色更像总导演，而其职责只是处理意外。

（2）选择预案实施的作战。虽然战场上的情况千变万化，只要变化超不出战前筹划的预判,那么战局无论如何改变,我们都可以在预先准备的计划集中有针对性地选择其一,就可以应对战场的这种变化,而无需进行复杂的战时临机筹划。这里的关键问题是要把握住三个"点":一个是量变引起质变的"转折点",任何战局的重大转折都是量变引起质变的结果,作为指挥员和指挥机构,如果只是在转折点到来之际才察觉这种改变和转折,则为时已晚。一名优秀的指挥员能够预先看到转折的趋势,就可以干预和控制这种转折;另一个是战争局势开始转变的"顶点",在激烈的对抗博弈中,越是处于攻防相持不下的平台期,就可能意味着战争顶点的到来,只要顶得住、抗得起,渡过这个平台期和困难时,战局就会发生转机;还有一个是战局变化的"征候点",任何战场的变化都不是突如其来的,都会产生变化的先兆,只要能够洞察这种先兆,就可以控制和改变这种变化,还可以按照既定的计划实施作战。

(3) 超出预料实施的作战。这又可以分为几种情况:一种是贴近某种预案的预料之外,完全不需要从头开始筹划,只需要以该预案为基础进行适当的外延和调整;一种是两种预案之间的预料之外,只需要将两种预案结合起来,就可得出可行的方案计划;一种是远离预案的预料之外,这就需要判断远离的真实性,有悖常理的远离往往是战争的假象和野值,需要加以甄别和剔除,如果是真实远离,则应该先筹划作战的方向和策略,然后立即采取行动,并在行动的同时不断修正方向和策略,不断完善方案和计划。可见,超出预料的筹划更多的是现有预案的调整和补充,这就需要边筹划边行动。这是获取时间差优势之必需,这是把握作战主动的前提和条件。

综上所述,战时筹划的关键不取决于战局的变化,而在于对变化的介入和控制,在于始终把握主动和主导,在于尽早地实施一个可行的方案,而不是推后地执行一个完美的计划。战前筹划对战时筹划最大的贡献就是不需要进行战时筹划。筹划与行动不是截然分开的,而是相互迭代的过程。筹划的重点在于战略和策略,在于对作战整体的和连贯的思考,在于对战争走向的把握和控制。战前筹划和战略筹划要慢,而战术筹划和筹划调整要快。这种快慢交替的筹划节奏决定了作战行动的起承转合。

第三节 导弹任务链

如果说筹划链是指挥机构的职责,那么任务链就是任务部队的使命。任务部队根据作战计划要求完成任务。

一、概念与组成

导弹任务链是指导弹作战部队接受导弹作战任务之后,从发现目标(Observation)到调整部署和行动(Orientation)到下定打击决心(Decision)到发射导弹(Action)的一系列作战行动,如图2-3所示。

图2-3 导弹任务链

导弹任务链的闭环与任务直接相关,任务不同任务链闭环的方式也不同,任务链闭环的要求亦不同。进攻性导弹作战的任务链,远距离的发现"O"是最困难的,确定目标性质和位置是最慢的,进而下定打击决心"D"也是需要时间的。一旦发现和决策,调整"O"和打击"A"相对较快。此时,导弹任务链的节奏呈现一张一弛的特点。由于目标越来越隐身、越来越高速、越来越机动灵活,留给导弹防御的时间和空间十分有限,这就决定了导弹任务链必须是快节奏的,任何一个环节放慢速度,都会造成防御作战的被动和失利。

二、导弹任务链形态

对于打击固定目标的任务链,发现"O"和调整"O"都处在战前,战时只要一声令下,导弹即可对目标实施打击,其任务链是快速的。由于目标静止不动,这种任务链也称为静态任务链。对于打击机动目标的任务链,由于目标的机动能力很强,实施防御作战的时机稍纵即逝,打击该目标的任务链闭环速度就要特别快。

打击机动目标的任务链也称为动态任务链。通常的导弹作战任务链,都是在导弹发射前完成闭环,即只能在闭环的条件才具备发射导弹的条件。这就使OOD与A完全串行,增加了OODA的闭环时间,这是一种发射前的任务链闭环。由于OOD是循环迭代的过程,是逐步发现识别与下定决心的过程,加之导弹作战行动需要一个相对长的时间,这就使未来的导弹作战样式在初步OOD的情况下先发射,然后在导弹飞行过程中不断修正定位和实施引导,最终在飞行过程中完成任务链闭环,这就在某种程度实现了OOD与A的并行,可以有效缩短OODA的闭环时间,是一种发射后的任务链闭环。

大部分导弹作战的任务链闭环是由作战体系提供支撑与保障,这种闭环称为体系作战任务链。体系作战有两大任务使命:一是为导弹打击A提供OOD支撑与保障,满足导弹打击任务链闭环的要求;二是打击敌作战体系任务链,使敌导弹打击任务链闭环迟滞,从而夺取我方导弹打击的时间差优势。

还有一部分OODA各个环节的保障均由作战平台或编队提供支撑,这是一种结构最紧凑、闭环时间最快的平台任务链,也是目前最常见、最常用的导弹作战方式。还有一小部分导弹作战任务链主要由导弹自身的能力实现闭环,如美军的智能远程反舰导弹(Long Range Anti-Ship Missile,LRASM),体系和平台只提供了目标初始位置,而随后的发现定位和识别打击都由导弹自己完成。该导弹不仅可以自主发现识别目标,还可以自主规划航迹、进行自主攻击,以避开敌方正面防御,并寻找出敌方的防御漏洞实施打击。这是一种导弹任务链,是由导弹的平台化发展和协同化运用所提供的一种体系能力。

实施导弹作战任务时,通常通过两方面能力实现导弹作战任务链的闭合。一方面是依靠体系、平台和导弹的战技性能来实现OODA的"远快省",这种能力主要是装备技术水平的体现,也是装备不断更新发展的动力和牵引。有了装备的代差优势,就很大程度上拥有了导弹作战的任务链闭环优势。这是一种技术任务链。另一方面是依靠灵活的战术实现闭环。在已有装备能力的基础上,隐蔽抵近的作战布势,灵活机动的战术战法,导弹运动战、游击战、破袭战可以实现导弹作战任务链的闭环,也可以使敌人任务链的闭环延迟,从而夺得局部的导弹作战优势。

现代战争的激烈对抗从来不是单一导弹作战打击的博弈,而是多种作战任务相互协同的作战。协同作战涉及多个任务链,既包括每个任务链的小闭环,也包括整个任务链的大闭环。大闭环不仅取决于小闭环,小闭环还会相互影响,从而对大闭环产生作用。这不仅是多任务的任务链,也是多域战的任务链,还是协同作战的任务链,更是联合作战的任务链。

伴随信息技术和智能技术的发展,分布式和智能化作战方兴未艾,也就相应出现了分布式任务链和智能化任务链。分布式任务链体现在体系的分布式——体系的马赛克化,平台的分布式——无人小型作战平台,导弹的分布式——导弹的协同打击等方面。

分布式任务链是立体的任务网,任务网中任意节点的组合都可以构建出一条可行的任务链,这使分布式任务链具有了强弹性。另外,分布式作战样式可以使体系和平台状态化整为零、化复杂为简单、化综合性为单一性,经济性和实战性大大增强。分布式任务链在未来战争中将会发挥重要作用。

智能化任务链体现在体系智能化——任务的智能,平台智能化——载体的智能,导弹智能化——打击的智能等方面。体系智能化是基础和核心,智能化的重点要放在体系上,从而极大限度地释放对平台和导弹的要求,使平台和导弹终端化、"木偶化",从而形成体系和终端一体的智能化。这是"提线木偶式"的任务链,是高效的智能任务链。

综上所述,OODA是共性的任务规律,而具体的导弹作战,其任务链各有各的不同，必须抓好各种任务链建设和运用。这是打赢未来战争的重要环节，这是以具体求深化的必然要求。

第四节　导弹飞行链

导弹的飞行过程，是克服环境干扰的过程，是突破重重阻挠的过程，是披荆斩棘的历程。

一、概念与组成

导弹飞行链是导弹自发射至抵达目标的飞行过程，是与敌方在博弈过程中反发现、反识别、反拦击的过程，是穿透敌方防御的过程。

导弹飞行链由反发现（Anti-Detection）、反识别（Anti-Discrimination）、反拦击（Anti-Attack）三个部分组成，如图2-4所示。飞行链闭环的快与慢就是指导弹飞行的快与慢，飞行快有飞行快的穿透方法，飞行慢有飞行慢的穿透策略，主要取决于其穿透防御的能力（即导弹的突防和抗扰能力），而非飞行速度。

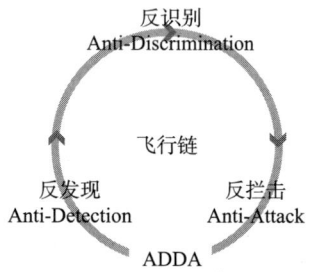

图2-4　导弹飞行链

同一种导弹进攻体系相对于不同的导弹防御体系，其穿透能力是不同的。同一种导弹防御体系相对于不同的导弹进攻体系，其防御能力也是不同的。

导弹的性能有长有短，总是突出"三反"中的一环，针对某种防御体系，这同时也表明没有一种防御体系能够阻止所有进攻导弹的穿透。任何一种防御体系都是主要针对某一种进攻体系，都是主要选择"三反"中的一个薄弱环节，这就使导弹飞行链快与慢有了选择性，而选择的标准就是穿透性。

二、导弹飞行链途径

对于进攻性导弹而言，提高"三反"和穿透能力一般有三个途径：一是技术反发现、反识别、反拦击，主要是采用技术措施提高"三反"能力；二是战术反发现、反识别、反拦击，主要是采用战术方法提高"三反"能力；三是体系反发现、反识别、反拦击，主要是通过体系作战压制和削弱敌方防御体系能力，使进攻导弹的"三反"能力得以提高。需要强调的是，进攻导弹的穿透能力等于 $1 - P_{发现} \times P_{识别} \times P_{拦击}$，其中 P 是防御体系的相应能力。对于进攻导弹而言，只要使防御体系中的一个 P 值为零，则穿透能力就是100%。

因此，进攻导弹只要追求"一招鲜"，就可以显著提升穿透能力，而没有必要面面俱到，也是美国的防御体系给我们挖的陷阱。这种陷阱就是"突防迷雾"。

进攻导弹的穿透能力等于技术穿透、战术穿透和体系穿透的反发现、反识别、反拦击能力之和。这就意味着要提高穿透能力，要从技术、战术和体系上综合施策，单一依靠某一种手段是低效的。如果只热衷于技术"三反"，而对战术和体系"三反"的重视不够，不仅会增加穿透的成本，而且穿透效果也会大打折扣。技术穿透是基础，战术穿透是手段，体系穿透是关键。

三、导弹飞行链种类

不同弹种具有不同的飞行特征，因此其技术"三反"能力也各有长短。

1. 弹道导弹

弹道导弹具有弹道高且固定的特征，飞行中易被发现和拦击，在防御体系无力同时拦截多目标的情况下，使弹道导弹仅靠反识别能力即可显著提升穿透能力。

2. 亚声速巡航导弹

亚声速巡航导弹具有隐蔽飞行特征，在飞行中难以被发现，一旦被发现，则易被识别和拦击。因此，亚声速巡航导弹只要提升隐身能力和飞行隐蔽能力，即可显著提升技术穿透能力。

3. 高超声速导弹

高超声速导弹在临近空间飞行易被发现和识别，但由于具有较强的机动能力，其反拦击能力较强，从而显著提升了技术穿透能力。可见，没有任何一种导弹具有先天的穿透优势，必须统筹发展各种类型的导弹，必须发挥各种导弹的穿透优势，使敌人在高、中、低三个穿透通道上始终处于被动和压制状态。

综上所述，飞行链闭环快（如高速导弹可以压缩防御的时间窗口），导弹可以获得穿透优势。飞行链闭环慢（如亚声速导弹可以迫使防御拓展空间），导弹可以获得穿透优势。总之快也有利于穿透，慢也有利于穿透。我们不能只重视导弹的技术穿透能力，更要加强导弹的战术和体系穿透的能力。

第五节　导弹毁伤链

导弹毁伤链是杀伤链的关键一环，在相继完成筹划链、任务链以及飞行链闭环之后，克服了千难万险，实现了导弹与目标的交会，而能否实现对目标的有效杀伤完全取决于毁伤链的闭环。

一、概念与组成

导弹毁伤链由能量控制（Control）、能量释放（Release）、能量转化（Conversion）、目标响应（Response）四个部分组成，如图 2-5 所示。

CRCR 是 MOAC 中的最后一环，是在导弹将战斗部载荷精准命中/交汇目标的前提下，从控制战斗部引爆到战斗部能量释放，到释放的能量转化为毁伤能量，再到毁伤能量与目标相互作用，目标得以响应和毁伤的过程，是导弹作战的目的和意义之所在。

图 2-5　导弹毁伤链

从毁伤链角度分析毁伤，会对毁伤产生新的理解。

（1）对毁伤要素的理解。决定毁伤程度的四大要素分别是战斗部——毁伤能量的携带者，引信——毁伤能量的控制者，环境——毁伤能量的传递者，目标——毁伤能量的响应者。四大要素之间既相互独立又相互联系，既相互作用又相互依赖，毁伤就是要素相互作用的结果。一个好的毁伤设计不仅四大要素要齐全，而且要素之间匹配协调，使得毁伤整体大于要素之和，使得毁伤作用取得最佳结果。

（2）对毁伤因素的理解。决定毁伤程度的四个因素分别是引爆控制——决定引爆的时空，能量释放——决定初始的能量水平，能量转化——决定有效毁伤的能量形态目标响应——决定毁伤的结果。四个因素之间既相对孤立又相互衔接，既相互依存又依次传递，前一因素是后一因素的输入。每一次传递都会造成能量损失，都会引发能量形态的转化和转移，毁伤就是最后的目标响应结果，毁伤取决于能量转化转移的效率。一个好的毁伤因素设计，必须对目标有最深刻的认知，找到目标的"七寸"，找到目标最关键最易损的属性；必须对环境有最准确的理解，使环境减少能量的损耗，使环境促进能量形态的转化；必须对毁伤能量形式有最深刻把握，使目标对这种能量响应最大，使目标易损特性对毁伤能量最敏感；必须对能量释放有最期望的约束，使战斗部能量最大程度释放，使释放的能量更向目标聚集，使释放能量更多地转化为毁伤能量；必须对战斗部起爆有最精准的控制，使起爆点更加靠近目标，更加靠近目标易损部位，更加靠近目标的"七寸"。而实现这种精准的控制，不仅仅依靠引信有限的信息感知，更要依靠导弹和系统提供的支援；必须对战斗部能量有最大化的固聚，不仅能量高而且更加安定，并且更加适应战斗剖面，更加适应作战环境，更加匹配目标易损特性，更加减少对导弹精度链的依赖。

（3）对毁伤机理的理解。能量的生成物化机理，能量的安定适用机理，能量的释放控制机理，能量的转化转移机理，能量的作用响应机理，能量的匹配耦合机理，这些机理既是毁伤的技术基础，更是有效毁伤的支撑保障。机理的吃透和突破，不仅会带来毁伤技术的进步和发展，更会促进导弹战斗力的提升。

（4）对毁伤系统工程的理解。毁伤的最终结果，不仅与毁伤要素和因素有关，更与导弹和系统体系密不可分，最终的毁伤是体系要素和体系结构支撑保障的结果，是复杂系统相互作用的结果，是攻防体系博弈的结果。这就要求我们在设计毁伤时，要与整个杀伤链体系结合起来，要与敌我体系博弈统一起来，要把毁伤置于大体系中实现，要把毁伤作为大体系的组成部分。只有进行这样的一体化设计，才能确保杀伤链具有较强的实战能力，才能实现对目标的有效毁伤，才能发挥导弹的作用。

二、导弹毁伤链要素及其相互作用

毁伤链的闭合是毁伤四大要素的相互作用，任何相互作用的失效都会造成毁伤链闭合的中断。毁伤要素之间的关系如图 2 - 6 所示。

（1）引信与战斗部的相互作用，这称为引战配合。最佳的引战配合设计是使战斗部能量释放的范围与导弹脱靶量最佳匹配，是

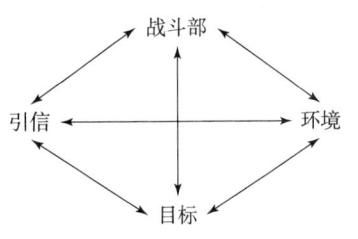

图 2 - 6　毁伤要素之间的关系

对毁伤能量方向进行精准调控，从而使战斗部释放的能量向目标聚集、向目标投放。良好的引战配合设计是在导弹的脱靶量精度与战斗部的能量范围之间获得恰当的平衡。更小的导弹脱靶量设计可以减少战斗部的能量需求，但会增加导弹的复杂性。最极端的例子如 THAAD（Terminal High Attitude Area Defense，又称"萨德"）采用动能碰撞杀伤的防空导弹，导弹脱靶量为零，不安装任何战斗部，仅靠导弹的动能直接撞毁目标。这给导弹精度链闭合带来极大的挑战和复杂性，而且在攻防博弈的条件下，这种复杂的精度链非常脆弱，在受到干扰和压制情况下极易中断，导致导弹失去作战能力。

更大的毁伤作用范围设计可以降低导弹制导控制精度，但会使战斗部能量和重量增大，进而影响导弹总体设计，影响导弹体量和装载量。最极端的例子如"炸弹之母"——近 10 t 的质量和数吨的装药量，可杀伤地面数百米直径范围内所有的人员装备和设施，而炸弹的制导仅依靠 GPS。虽然这种炸弹威力巨大，但由于体积大，质量大，只能由大型轰炸机携带，战场运用受到很大限制。引战配合不仅是权衡后的选择，也是一国技术特长的导向。例如同样的防

空导弹，美军的毁伤途径往往是动能碰撞，而俄军的毁伤途径是高威力战斗部。这和美国的制导技术先进不无关系，这也使俄军的导弹在体量上往往大于美军导弹，但从实战能力上看，并不能得出美军更先进的结论。各国适合国情军情的毁伤途径才是最恰当的途径。

（2）引信与目标的相互作用。其有两种类型的相互作用：一种是接触式的作用，引信触碰目标之后感知目标深度和层数等，进而引爆战斗部，使其深入目标内部实施毁伤；另一种是非触发式的作用，引信在接近目标过程中，通过感知目标特性、测量和确定与目标的相对方位，进而引爆战斗部，对目标实施能量覆盖式杀伤。无论哪一种相互作用，都离不开引信的感知能力和对目标的特性认知水平。从引战的结构特征看，其能够感知的时空范围和信息维度数量都是十分有限的。这与其承担的引爆控制使命是相当不相称的，从而造成引信技术难度大。引爆控制具有很大的不确定性，而导弹制导控制与引信一体化是解决这种不相称的有效途径。

（3）战斗部与目标的相互作用。这是一个战目匹配的问题。战斗部与目标的匹配既取决于毁伤能量的方式，又取决于目标对毁伤能量的响应。恰当的能量方式与高效的目标响应是战目匹配的目标函数。实现恰当的战目匹配要把握住以下四点：一是采用定制毁伤的思路途径，灵活选择包括失基、失能、失性和失联、失智在内的"五失"毁伤技术路线，而不是固守失基毁伤的老路，固守击毙、击毁、击沉、击落的传统模式；二是研究目标关键特性和易损特性，选择目标最关键且最易损的特征，找到目标的"七寸"，作为毁伤的发力点和着眼点；三是对比各种毁伤模式，选择最匹配的毁伤能量；四是研发毁伤元和战斗部，并依此确定导弹方案和打击方式。战目匹配的本质在于，利用最恰当的毁伤模式和能量方式，对准目标的"七寸"发力，对其关键能力实施毁伤。

（4）引信与环境的相互作用。引信通过环境与目标发生作用，在战场对抗博弈中，环境对引信总是产生不利影响，进而对引战配合与毁伤产生负作用。引信是一开放式的感知系统，因此对环境极为敏感。一些复杂的自然环境就已经造成引信工作的困难，更何况针对引信的干扰压制。敌方的干扰也是通过环境与引信发生作用，对引信产生影响。环境是引信感知的桥梁，也是使引信受到干扰的媒介，引信与环境不可分割。

（5）战斗部与环境的相互作用。一些能量的产生和传播，只能在一定的环境下实现，如空气和水中存在超压，环境就成为毁伤的条件。而一些特定的环境却阻碍能量的产生和传播，如地下目标被地表覆盖，环境就成为毁伤的障碍。无论作为毁伤的条件还是障碍，毁伤能量与环境不可分割，战斗部与环境相互作用不可忽视。对于成为条件的环境要善加利用，对于成为障碍的环境要巧妙回避，对于双重角色的环境要综合权衡。

四大要素的相互作用决定了四大因素的接力闭环：引爆控制—能量释放—能量转化—目标响应。引信和目标决定引爆控制，战斗部和环境决定了能量的释放和转化，能量方式和目标特性决定目标响应。相互作用的强弱决定毁伤链闭环的快慢和弹性，相互作用的消失意味着毁伤链闭环的中断。毁伤链闭环是瞬间的过程，毁伤的过程虽然短暂，但要素的相互作用不能缺失，毁伤因素的接力也不能中断。如果把毁伤的短暂过程作为链路去研究，我们就可以完全掌握毁伤的原理，也就具备了杀伤目标的物质基础。

第六节 导弹评估链

导弹评估链是导弹杀伤链的最后阶段，负责评估上一次导弹的杀伤效能，评估下一步的作战行动。

一、概念与组成

导弹评估链由评估方法（Method）、评估数据（Data）、评估计算（Calculation）、评估结论（Conclusion）四个部分组成，如图2-7所示。

完成一次导弹作战任务之后要进行一次评估。首先，要评估上一次导弹作战实施情况是否达成了作战目的，与筹划方案相比发生了哪些变化，什么原因造成了这些变化。如果没有达到作战目的，存在的问题及其根源是什么，有哪些需要总结和反思的地方。其次，要评估目前态势及未来走向。敌方在遭受上次打击之后已经或将要做哪些调整，是否需要改变我方的策划方案，如何才能解决问题、达到目的。再次，要评估下一步的导弹作战行动，一方面是如何进攻，如何改进策略和战法，如何调整兵力和火力，如何提升穿透能力；另一方面是如何防御，如果敌方开始反击，我方后续在进攻的同时应如何加强防御作战能力，攻防之间如何转化和衔接，两类杀伤链闭环如何统筹等。

图2-7 导弹评估链

评估过去只是在总结经验，而筹划未来才是评估应有的意义。下一回合的导弹作战必然有所调整、有所改变、有所加强。经过上一轮导弹作战，我方作战意图已经暴露，敌方必会做出相应改变，因此我们没有时间和资源进行完整的全面的评估，必须一个行动接一个行动地施压，直至达成导弹作战的目的，但又不能盲目打击、重复作战。因此，必须对打击结果进行评估，这样才能指导后续的作战。这就决定了评估的重要性，也决定了评估所具有的快速性要求。

二、导弹评估链的运用

如果按照评估链闭环的要求，明确评估要求、获取评估数据、进行评估分析、得出评估结论进行评估，可能时间不允许，因此，在战时的评估必须做到以下三点：

（1）边打击边评估，打击的过程就是态势变化的过程，就是敌变我变的过程，因此评估不能等到作战结束，必须从作战刚开始就获取战场数据，就开始分析作战态势，就预判作战结果，就预筹下一步行动，这样作战和评估并行，作战和评估反复迭代，作战结束也就意味着评估结束，即可展开下一步的作战行动。

（2）在没有时间和信息评估时，可以加大打击的力度，可以进行补充的导弹打击，可以实施机动力量的导弹打击，对原计划打击的目标实施第二轮、第三轮的导弹打击，即便第一轮目标已经实现，后续的打击也有利于巩固打击成果。虽然有可能消耗了更多的导弹资源，但换来了导弹作战的时间差，也换来了导弹攻防作战的主动权。

（3）无评估打击，集中优势火力打歼灭战，不打无把握之仗，一次打击就达成作战目的，导弹作战的最高境界是未战而先胜，如果一击即可灭敌，则不需要再进行后续打击，也就不需要再进行相应的筹划，因此，评估的最高境界是不评估，而不是无法评估。

评估结论只是指挥员的参考，指挥员的决心判断才是开展下一步行动的关键。指挥员的决心判断体现了对导弹作战结果的预测，体现了对战场态势变化的预判，体现了对下一步行动的选择，体现了当机立断的果敢。指挥员的决心可以输入筹划链以调整计划，可以输入任务链，马上开始新一轮打击。评估是导弹作战的结束，更是导弹作战的开始。

第七节 "五链"的相互关系

导弹筹划链、导弹任务链、导弹飞行链、导弹毁伤链、导弹评估链"五链"构成了导弹杀伤链的整体。"五链"之间按照导弹作战基本规律和流程构成了相互衔接、相互支撑、相互作用的有机联系。

一、"碗状"杀伤链关系

导弹杀伤链的闭环是一个大闭环。导弹杀伤链像一个大碗。碗底是导弹筹划链,意味着筹划链既是导弹杀伤链的基础,也是导弹杀伤链的起点。另四个链则是导弹杀伤链的重要支撑。碗状的导弹杀伤链实际构成两个导弹杀伤链闭环:闭环一是由"五链"构成的闭环;闭环二是把碗底筹划链去掉,由其他"四链"组成的闭环。闭环一更适用于日常训练和战前谋划,闭环二则侧重于应对战时和临机决断的情况。

碗状的导弹杀伤链可以分为三个层次,这样的层次划分有两种方法:第一种划分为战役层、战术层和战斗层,其中战役层为筹划链,是由战役指挥机构负责的闭环,战术层为任务链和评估链,是由任务部队指挥员负责的闭环,战斗层为飞行链和毁伤链,是由导弹系统组成的闭环;第二种划分为筹划层、任务层和执行层,是按任务性质所做的划分,筹划层对应战役层,任务层对应战术层,执行层对应战斗层。无论哪一种层次划分方法,都是上一层决定下一层的行动,下一层将信息反馈回上一层,由此而形成层次嵌套的结构。

二、"V型"杀伤链关系

如果把碗形导弹杀伤链的边线拉直,导弹杀伤链就变形为V型,V型杀伤链如图2-8所示。导弹杀伤链顶点是V型的底点,从顶点向左上延伸就是上层向下层的发展。自右上向左下延伸,就是下层向上层的反馈。这种导弹杀伤链的层次结构是由作战的指挥层级所决定的,指挥层级越多,导弹杀伤链层级越细,完成导弹杀伤链闭环的时间越长,对作战的主动和取胜越不利。

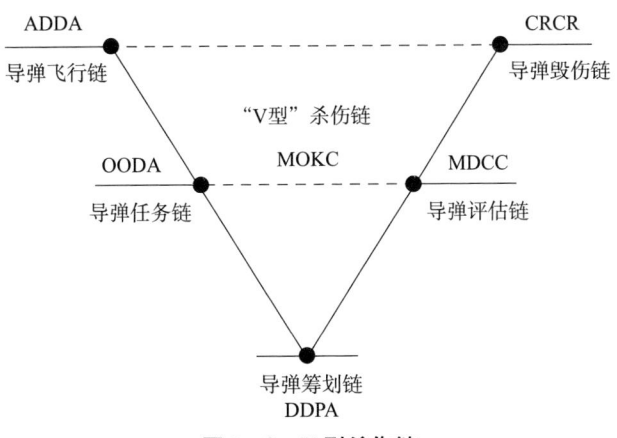

图2-8 V型杀伤链

由于战争向信息化和智能化的方向发展，导弹在现代化战争中的地位更加重要。无论进攻作战还是防御作战，导弹都是毁伤敌方的重要武器。导弹杀伤链的构建和运用对于树立导弹中心战的作战理念，对于构建完整高效的导弹作战体系，对于掌握导弹作战的特点规律，对于引领导弹作战体系、导弹作战平台、导弹武器系统和导弹武器装备未来的发展和建设，对于打赢制衡强敌的未来战争，都具有重要的意义。

第三章

导弹装备体系与导弹作战体系

在现代战争中,导弹中心战已成为主要的战争形态,导弹作战体系是重要的作战力量。海湾战争以来,以巡航导弹为代表的精确打击武器成为信息化战争的开路先锋,成为破敌体系、斩首行动、溯源打击、火力压制的重要手段,在打赢战争的过程中发挥了核心作用。在体系装备技术上,导弹任务链、C4KISR、导弹杀伤链、杀伤网这些牵引体系变革性发展的理念与技术也都围绕导弹武器装备展开。如何发展、构建、运用导弹作战体系,如何界定导弹作战体系与导弹装备体系的区别,如何处理好导弹装备体系发展与导弹作战体系建设之间的关系,当前许多单位中都存在一些模糊的认识。在本章中我们将重点围绕这些问题,提出一套完整的理论框架,旨在统一各方面的思想认识,加快推进和科学发展装备体系和作战体系。

第一节 导弹装备体系

第二章提出了作战体系包括"人装敌环"四大要素的概念。这一概念指出了装备体系是作战体系的组成部分,是作战体系的物质要素。先搞清什么是导弹装备体系,对于科学协调地发展导弹装备体系,使导弹装备体系为导弹作战运用提供更加丰富的可能性,提高导弹装备体系发展建设的效益和针对性,都具有十分重要的意义。

一、导弹装备体系的概念

传统的导弹装备体系,基本上是各类导弹装备的简单罗列。在横向上,按照装备类别进行描述,例如各类弹道导弹、飞航导弹、防空导弹、空空导弹等;在纵向上,则针对各导弹技术特点,按照导弹系列化型号进行描述,例如第一代、第二代空面导弹等。这种划分具有静态条块分割、装备孤立、功能孤立、集合联通不足、装备"孤岛"等特征,难以适应信息化、数字化、智能化、孪生化的作战要求。

(一) 重新定义的装备体系

装备体系是指具有不同共性属性的装备体系基本模块组成的装备体系有机整体集合，包含装备体系、装备体系基本模块、装备要素三部分。装备体系基本模块是指适应不同的共同属性的装备、具有标准规范的架构和接口、可以链接一定的基本规模的武器系统的体系的最小组成模块，基本模块的规模决定了装备体系的能力规模和复杂程度。不同共性属性的装备体系是指具有相近功能的装备所组成的装备集合（如火力装备集合）。有机整体集合是指装备体系的基本模块之间、基本模块的各装备要素之间、装备体系与其他装备体系之间，所形成的规范的架构、接口及其相互关系。

如美军海上装备体系 NIFC - CA，就是将电子干扰机、预警机、雷达、F-22/F35 战斗机、加油机组成战斗小组，形成统一接口、通联通用，模块化的编组，这种装备体系模块不仅可以完成超视距反舰作战任务，还可以完成远程防空反导作战任务，具备极强的灵活性、可集成性。

从微观上看，装备体系主要是模块、接口和典型架构的建立和运用。其中要素模块是基础，接口是流通关卡，架构是骨架、核心。

要按照积木的模式设计架构、标准和接口，而且，设计时应注意以下三个问题。一是设计可重构的典型架构。体系工程设计应以作战体系为牵引，设计建立统一框架开展建设，确保最终装备体系各单元可灵活编配重组。二是设计和构建装备体系标准单元。体系联合作战能力孕育在装备单元之中，在联合作战体制下，这些基本单元按照一定的编配部署构成了作战体系。三是设计装备体系标准单元的接口和规范。规范标准单元之间的互操作接口，装备之间可以更好地集成，支撑未来不同军兵种异构装备实现互联互通和互操作。

(二) 重新定义的导弹装备体系

对于导弹装备体系，不同的部门和不同的专家有着不同的解读和认知。若仅从装备的特殊属性出发，则易将装备体系绝对化、专用化、地域化、任务化、复杂化、主导化，从而将装备体系做"死"了，做"僵化"了，使装备体系缺乏灵活性、适应性、应变性、通用性、强弹性和生命力。使用这种思维发展建设装备体系，不仅劳民伤财、事倍功半，而且难以打赢未来战争。因此，有必要重新思考装备体系，重新认识装备体系的概念内涵，重新认识装备体系的特点和规律，重新认识装备体系的本质特征，重新认识装备体系的组成结构。

导弹装备体系是按杀伤链展开的装备系统要素集合，这些要素由体系架构按照一定的层级和相互关系构成有机的整体，形成了导弹装备体系的功能和能力。导弹装备体系的要素不是各类装备的简单集成，而是按照模块化的要求，设置装备体系的基本模块，由基本模块组成各类装备系统，再由各类装备系统组成导弹装备体系。基本模块之间、装备系统之间，按照标准架构、标准接口和标准网络链接而成。

为了更好地理解导弹装备体系，可以从如下六种不同视角解读。

（1）战斗力组成的视角。之前，我们曾对比生产力三要素，即劳动者、劳动资料和劳动对象，进而定义了战斗力的三要素，即战斗者、战斗装备和战斗对象，明确了"人装敌环"四大要素。装备体系作为战斗力的"劳动资料"，是战斗力重要组成，是提高战斗效率的关键，是对战斗力进行的划代关键。低效的装备体系难以打胜仗，就好比蒸汽火车难以跑赢高铁一样，这一视角凸显了装备体系的地位和作用。

（2）体系属性的视角。装备体系是作战体系的物质属性，具有物化和显性的力量特征，具有不包括作战人员因素的客观属性。装备体系的这种属性决定了这是军队建设的重要内容，是从"物质"角度评价军力的重要方面。

（3）体系要素的视角。装备体系由三类要素组成，体系类、平台类和单元类要素。三类要素层层叠套，体系类要素由平台类和单元类要素组成，平台类要素由单元类要素组成，而单元类要素则是装备体系的"基因"和基本模块。

（4）体系架构的视角。体系架构是体系的核心，优秀的架构可以使体系高效运转。体系架构决定了体系的弹性，也决定了体系的整体效率。导弹装备体系的架构主要具备导弹装备体系、导弹装备体系基本模块、导弹装备体系单元要素的三层架构。导弹装备体系基本模块是架构的核心，起到了承上启下的作用，承上主要是指灵活、按需构成不同类别的导弹装备体系，启下主要是指整合不同的单元要素，使各类单元要素按照不同的功能划分、连接接口分门别类，形成导弹装备体系。

（5）体系使命的视角。装备体系是沿杀伤链展开的装备系统。筹划体系是筹划链装备要素集合，任务体系是任务链装备要素集合，飞行体系是飞行链装备要素集合，毁伤体系是毁伤链装备要素集合，评估体系是评估链装备要素集合，由这"五环"构成的杀伤链诸要素，由杀伤链架构凝成装备体系的整体，形成精打体系。如果缺少要素会造成杀伤链不闭合，如果缺少架构会导致杀伤链没弹性。

（6）体系组织的视角。对导弹装备体系而言，其体系要素具有功能组织性。所谓功能组织性，是指预警侦察功能、指挥控制功能、作战行动功能、筹划评估功能、战技保障功能等能够灵活组织形成体系产品，以此来满足不同需求。这些功能要素如同人体的器官，既具有支撑生命的独特性，又具有人类机体组织的关联性和互补性。这些功能要素如同积木，可以搭建出丰富的体系产品。

这六种视角既是对导弹装备体系的解读，也是对装备体系内涵的剖析，还是认识装备体系的第一步。

二、导弹装备体系的特点

导弹装备体系有多种要素集合，需要把握其特征，洞悉其规律，才能使其适应作战任务的裁剪和装备的承载。

（一）完整的特点

1. 功能完整

杀伤链每一环节功能都不能存在缺失，否则杀伤链将不能闭合。如发现、定位、跟踪、瞄准、交战、评估等功能及其架构组合，形成终极杀伤的毁伤链。

2. 要素完整

组成链环的每一要素，都应当齐备完整，任一要素的缺失，都会使链环断开或绕行，如此一来，体系能力就会下降，体系效率就会降低。应该按照杀伤链/杀伤网、能力等来完善构建要素。

3. 任务完整

导弹装备体系是对应于一种或多种特定的作战任务，体系要素或功能模块必须保证作战任务的需要。对于导弹装备体系而言，作战任务的需求主要包括对打击目标的毁伤要求，以及对任务完成度的要求等。

（二）多能的特点

导弹装备体系一般是由一种或多种导弹武器系统组成，每种导弹武器系统都具有打击特定目标的能力，多种武器系统相结合，将使导弹装备体系可以打击多种目标，可以执行多种作战任务。例如防空反导装备体系同时具有对飞机导弹等目标的拦截和防御能力；如海上平台的导弹装备体系既同时具备进攻和防御的能力，也同时具备对空、对海、对地等多种类目标的打击能力。

一般来说，体系要求的能力越多，组成的导弹系统规模种类越多，导弹装备体系就越复杂，体系的运行和管控就越不灵活。因此，导弹装备体系的多能特点不仅体现在作战任务的攻防属性上，也体现在打击多种类目标上。

（三）弹性的特点

导弹装备体系是盾牌和利箭，必是敌压制和打击的重点，因此要求体系在受到对抗打击压制时，仍具备基本的作战能力，并在打击压制消失后，能够自主恢复到原有能力。

1. 要素和模块要有弹性

同种要素要有冗余，异种要素能够重组和互补，体系不能"单点失效"。

2. 体系架构要有弹性

单一的杀伤链拓展成杀伤网，无论哪一条杀伤链失效，体系可快速重组或选择另一条杀伤链遂行作战任务。

3. 体系能力要有弹性

在强对抗条件下，体系及其组成部分，都能够对抗敌方的压制打击，都能够保持最基本的作战能力，都能够在极端恶劣的条件下有效地执行作战任务。

（四）灵活的特点

1. 即插即用要灵活

体系要素遵循统一的接口规范，按照接口规范实现即插即用。

2. 要素重组要灵活

任一要素功能都可以由其他的一种或多种要素重组替代。

3. 体系架构要灵活

体系内的各种要素，能够适应不同架构的要求，要素的关系可以灵活选择和定义。

4. 作战任务要灵活

不能一种体系只能执行单一任务，必须"一专多能"，必须适应不同作战场景的要求。

5. 体系升级要灵活

不能仅依靠新研和改进，去丰富和提升体系的能力。必须具备在线软件升级模式，对体系功能和能力进行再塑造、再提升、再选择。

6. 体系运用要灵活

体系的运用方法是设计出来的，是基于对未来战争的设计，基于对战争样式的设计，基于对作战场景的设计，基于对装备特点的设计。这种预设在装备体系内的运用模式和运用方法，方能使装备体系具有强适应性。

（五）规范的特点

无论导弹装备体系的任务如何，其基本功能要求是相同的，其基本模块和组成要素是相似的，其基本体系架构是通用的。

1. 要求基本模块通用

适应不同的体系，像积木一样，在飞机、舰船、坦克等装备上通用，在同军种装备上、不同军种装备上通用。另外，还可以在这个基础上建立信息力、机动力、火力、防护力、保障力等通用模块。

2. 要求要素少而精

有限的要素可以通过多变的组合，构建出丰富多能的装备体系。

3. 要求要素接口规范

任一要素都可方便与体系交联，实现互联互通互操作。

4. 要求架构规范

通过有限的典型架构就可以搭建成各类装备体系，可以组成多种作战能力，而且架构要简单而稳定。

（六）高效的特点

体系的效能和效率是衡量体系的重要标准。效能是体系的能力评价，而效率则是体系获取能力与所付出代价之比。

1. 能力要强

体系的作战能力主要体现在夺取作战的空间差、时间差和能量差的优势上，体现在体系所包含的导弹武器系统的系统功率上。

2. 功能要多

体系应能完成多样化的作战任务，适应不同的战场环境和作战对手，满足不同强度、不同性质的作战要求。

3. 效率要高

构建体系的经济效率要高，体系运行的时间效率要高，体系能力与体系代价之比的效率要高。

导弹装备体系的特点还有许多，但主要是以上三种。研究体系特点的目的是认清体系的本质，是掌握体系演变的规律。导弹作战体系是一般装备体系的特殊存在，其一般性存在于特殊性之中，一般装备体系的特点亦存在于导弹装备体系之中。

三、导弹装备体系的规律

作者有一种习惯性思维，可能与长期从事仿真工作有关。在对一个不太熟悉的事物甲进行研究和分析的时候，往往先寻找一个熟悉的事物乙。事物乙与事物甲具有相同或相似的规律和本质。按照大道至简的道理，对两个事物进行相互的映射对比，我们就可以对事物甲有比较深刻和全面的认识了。这种思维方式屡试不爽，每每都会起到柳暗花明的作用。无论是对科学问题、社会问题，还是装备问题、作战问题，对于快速进入情况，系统掌握知识和实践运用，都是很好的方法。

为探寻导弹装备体系的规律，这一次作者找到的事物乙，是儿童喜闻乐见的乐高积木。我们分析透过乐高积木的奥秘，进而探求导弹装备体系的规律。

1932年，乐高集团诞生于丹麦的一座小镇，依靠看似简单的玩具积木，持续发展了90年，产品风靡全球。乐高集团现已成为世界最大最有价值的跨国玩具企业。乐高积木的精髓是凹凸点设计。各种积木相互通用，创意组合性强。各种类型的积木元件超过2 000多种，坚固耐用，无毒安全，精度公差仅为5 μm。正是乐高所独具的这种"拼接的力量"点燃了世界的灵感，使产品具有了无限的可能性。作者细究乐高玩具的成功之道，细品长盛不衰中蕴含的机理规律，对导弹装备体系建设具有重要借鉴意义。

（一）最简单的模块却能拼装最复杂的形态

乐高玩具中一块普通的颗粒，是一块长31.8 mm、宽15.8 mm，带有2排4颗钉扣的小塑料砖，用6块这样的颗粒可以组合出超过9.15亿种样式。一般的乐高颗粒，周边都是90°角，而将足够多的90°角颗粒紧密连接在一起，就可以搭建兼有球形和曲线形状的物体。也就是说，只要有足够的积木，几乎可以搭建一切。人们用这种最简单的颗粒，搭出了金字塔、恐龙、埃及艳后。从学步的婴儿到耄耋老人，都在这个无限可能的世界中尝试创造。在这个过程中，乐高成了一个触发灵感创意和想象的"扳机"，提供了无限的可能性，而人们无穷无尽的想象力则赋予了它灵魂。这就是设计之巧、运用之妙的生动体现。

（二）最有限的结构却能实现最无限的扩展

多数乐高积木有两个基本组成部分，上部的突点和内部的孔。这种采用简单穴柱连接原理的耦合结构，不仅增加了积木搭建的稳固性，更使其具备了强大的兼容性和灵活性，使乐高积木成为可无限扩展的玩具系统。也是基于这一简单的结构，90年前生产出的乐高积木仍旧能和当今最新的乐高积木拼搭在一起。同时所有的构件，都实行严格的标准化。乐高元件所使用的模具，误差全部控制在4 μm以内（也就是不到一根头发的宽度），从而确保了任何两个不同的乐高构件都能结合在一起。乐高这种兼容性设计、标准化结构的做法所具有的互联、互通、互融、开放、包容、共享、弹性、冗余、可拓展等特性，值得我们学习和借鉴。

（三）最生硬的组件却能衍生最智慧的产品

乐高积木最初用木头制造，后改为用塑料，可以说是典型的冷兵器形态。从1998年开始，为适应科技发展和人们不断变化的需求，乐高集团开始与麻省理工学院技术媒体实验室联合，在现有模块和构件基础上，通过加装电动马达、光线触动感应器、光碟软体红外线传输系统等，开发出了智能风暴机器人玩具。经历了第一代RCX机器人和第二代NXT机器人的演变，现在已发展到最新的第三代EV3机器人，具有光线温度和碰触感测系统，使单纯的机械体能够看得见，也可以拥有感觉，从而让儿童可以与其所创造的乐高玩具互动，并且可以不断学习新的创造方法。这也使我们看到了最传统的积木玩具也能够插上信息化、智能化的翅膀。

（四）最普通的个体却能赋予最无穷的新意

乐高秉承"积木越多价值越大"的理念，把灵活性作为设计的灵魂。认为不仅一个功能可以创造出无数种玩法，不同的乐高品类之间也要能够相互衔接扩展，让消费者可以重复购买。为此，乐高集团注重开发可实现各种不同玩具之间互相关联的综合体系，从而能够把单个的乐高产品带入不同体系中，让不同形状、不同套系、不同年代的产品，都可以更好地组合在一起，使同一乐高玩具在各种变换的应用场景中，被赋予新的角色和故事，从而创造出不同的奇妙世界。这种新旧搭配、高低搭配、不同组合搭配的方式，为个体的发展提供了新的应用空间。

（五）最传统的行业却能秉承最先进的理念

乐高集团一直专注于玩具这一传统行业，却从未把目光只局限于玩具本身上。乐高集团第四代掌门人托马斯称，"我们肩负强烈的使命感，通过向孩子们提供激发兴趣和学习欲望的优质产品和玩乐体验，给儿童带来积极的影响"。为此，乐高集团把"启迪开创美好未来"作为使命，愿景是"发明游戏的未来"。乐高集团希望通过全球化和数字化，开拓新的游戏方式、游戏材料和游戏企业模式。不仅开发产品，其终极目标是激励和开发儿童进行创造性思考和系统化推理，释放其潜力以塑造其未来，由此开拓人类的无限可能。乐高所倡导的这种视野、理念、格局和情怀，对从事工作所具有的崇高使命感和巨大的热情，也必将反映到其产品设计和公司发展中，赢利自然也是应有之义了。这就提示我们，只有瞄准最终和最高目的开发产品，才能激发创造的热情，才能延续产品的未来，才能铸就企业的伟大。

四、导弹装备体系的本质

导弹装备体系的本质是导弹装备要素的内外关联所生成的整体性质。

（一）装备体系的本质是功能，是分布作用的功能集

1. 空间上的分布式要素布势

其可以是一个作战域内的分布式，可以是多个作战域内的分布式，可以是全部作战域的分布式，分布的范围越广，体系的作用范围就越大。从空间维度看，装备体系具有广域分布的本质。

2. 功能上多种类要素链路组合

体系要素不是单一的种类，也不是单一的功能，而是一个功能匹配的系列，是一串相互衔接的功能串，是携手完成规定任务的兄弟伙伴。孪生兄弟越多，则体系冗余越丰，体系的弹性就会越强。异族兄弟越多，则体系家族越庞杂，体系就越不灵活、越难管控。恰当又能赋能的兄弟规模，是装备体系的健康标志。从功能维度看，装备体系具有极简功能串的本质。

3. 信息流动的逻辑表达

信息流动包括体系内部的、要素之间的信息交互，也包括体系外部的信息交互，分为指控流动和能量流动。指控流动主要在体系内进行，规定了信息流动的方向和规则。能量流动包括体系机动状态，也包括作用于体系外的做功。装备体系要素的关系，体现在要素之间的能动作用。流动量大的要素以及流动接入接出复杂的要素，往往是体系的核心和节点。从关系维度上看，装备体系具有相互作用的本质。

（二）装备体系的本质是相互联系的包容生克

1. 上下联系上体系形成分形和嵌套

装备体系是系统之系统，任一体系都是其上一级体系的子体系，这就构成了不同层次的体系。若下体系成为上体系的分形，因为其要素组成和架构是相似的。若下体系成为上体系的嵌套，一层一层的嵌套构成了体系形态。从体系上下联系的维度看，装备体系具有嵌套的本质。

2. 内外联系上体系与环境相互影响

体系与外部环境相互结合，共同发生体系的作用。环境对体系具有相生作用，正是借助环境的因素，体系的功能得以发生和发挥，如声呐借助于环境介质，得以发生传播和接受声波。环境对体系具有相克作用，环境的因素对体系的功能，会起到限制和约束影响，环境制约了体系能力的发挥，如恶劣气候对飞行器的影响。同样，体系对环境也造成了影响。体系机动运行时，就会在环境中留下痕迹，就会使环境改变。从内外联系的维度看，装备体系具有共生的本质。

3. 敌我联系上体系与体系博弈

体系因为它的对立面而存在，没有对立面的对抗作用，体系也就没有存在的意义。敌体系对我体系的感知，恰恰成为我体系对敌体系的发现。敌我体系之间是对抗的，是零和博弈的，是相互压制和制衡的。处在对抗下的体系功能会受到压缩而产生塌陷，从而成为不完备的体系，成为能力下降的体系。体系在对抗中所发挥的作用，才是其真实的能力。从敌我联系的维度看，装备体系具有相抵的本质。

（三）装备体系的本质是新质作用力

从冷热兵器战争形态看，体系的聚合作用力多是自然力和人力。从机械化战争形态看，体系的聚合作用力多是物理力、化学力、核力。从信息化战争形态看，体系的聚合作用力多是信息流动产生的信息力。从星云化战争形态看，体系的聚合作用力多是链路的链接力。从未来智能化战争形态看，体系的聚合作用力多是心脑的认知力。

因此，装备体系的发展史是体系作用力从低级到高级的过程，是科学技术进步的发展史，是战斗力升级换代的发展史。

综上所述，我们可将装备体系的本质，归结为战斗力的功能分布。导弹装备体系的本质是战斗力的潜力，是战斗力的物质形态，是静态的战斗力，是战斗力的可能性。

五、导弹装备体系的要素

装备要素是装备体系的基本组成，导弹装备体系拥有多种要素形态。

（一）单元装备类的要素

单元装备要素主要是指各类单装装备，如某型号导弹、雷达等。单元装备要素是装备常见的和固有的形态，既可以单独使用，又可以作为要素纳入系统或体系中使用。单元装备要素一般是不可以分解的，一旦将其分解，装备的固有属性将发生改变。单元装备要素的不同组合可以组成不同类型的模块装备要素。

（二）模块装备类的要素

模块装备类要素是指预警侦察装备体系基本模块、指挥控制装备体系基本模块、火力打击装备体系基本模块、筹划评估装备体系基本模块等，按照体系的基本功能和属性划分的单元装备集合。这些单元装备集合也按照一定的架构和标准接口组成系统，由此而构成了模块装备要素的不同形态。

参考乐高积木，模块装备类要素分为单元模块型和要素装配型两类。单元模块型是指由标准组件构成的装备单元块集成，形成模块化的"块片"，并用于拼装。要素装配型，即用多种"块片"装配而成的要素模块，形成侦察评估、战场通信、指挥控制、打击装备、信息攻防、支援保障装备的要素模块。

（三）系统模块型的要素

系统模块型要素是指具有独立功能和能力的装备系统，是组成导弹装备体系的次级要素。装备系统既可以由不同的模块装备类要素按一定的架构组合而成，也可以由不同的模块装备类要素和单元装备类要素按一定的架构组合而成。装备系统是可以灵活重组和重构的，重构的基础是标准架构、标准接口和标准模块。

综上所述，三类装备体系要素组成三层装备体系架构，使得导弹装备体系在基本模块和基本单元基础上灵活构建,以适应不同的作战功能和作战要求。只有这样,导弹装备体系才真正"活"起来,导弹装备体系的发展才能真正实现集约高效。

六、导弹装备体系的架构

导弹装备体系架构是指链接导弹装备体系要素神经网络结构形式,决定要素之间的相互关系和相互作用,影响体系的整体效率和效能。常见的导弹装备体系架构主要有树状架构、网状架构和星状架构三种。

(一)树状架构的导弹装备体系

树状架构的导弹装备体系采用的是层级结构,如同树干、主枝、分枝和树叶的层级一样,要素和要素之间严格按层级进行归集,如图 3-1 所示。

作战部队中装备体系的编配,往往是按照作战部队的编制体制,按照军、旅、营的层级架构,实现装备体系的树状架构体系。

图 3-1 树状架构

树状架构是一种逐级指挥的架构,是一种平战一体的架构,是一种适应独立作战的架构。这种架构的优点是逐级指挥、灵便高效;缺点是指挥链条长,链路易中断。

树状架构的导弹装备体系适用于逐级指挥、成建制使用的情境,在战略、战役、战术三级作战和指挥中均可使用。

(二)网状架构的导弹装备体系

网状架构的导弹装备体系是指依托信息系统和通信,作战要素与指挥机构平行互联互通,实施平行化装备体系,如图 3-2 所示。指挥机构与作战要素是横向平行指挥,不是纵向长链式指挥。一个指挥机构可以平行指挥众多机构,指挥跨度少,指挥横向宽,是扁平化指挥。如防御型导弹装备体系,就属于网状扁平化指挥。

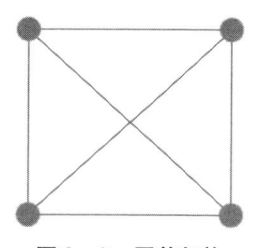

图 3-2 网状架构

网络架构是一种扁平化的架构,是一种互联互通的架构,是一种快速响应的架构。这种架构的优点是指挥扁平、体系弹性好,一个链路断掉后其他冗余正常工作;缺点是对网络要求高,链路构建复杂,需要更高的链路动态性和带宽。

网状架构的导弹装备体系在作战运用中,适用于分散指挥、委托式指挥和联合性指挥。

（三）星状架构的导弹装备体系

星状架构是导弹装备体系中最常用的架构，其导弹装备体系是指按照总体规划和作战企图，以主要项需求为节点，辐射功能链，相互联通，通过重组或激活，形成星状链的装备体系，如图 3-3 所示。这是一种树状结构和网状结构混合组成的一种新结构。

星状架构是一种树状与网络结合的架构，它继承了两者优点，又回避了两者的缺点。

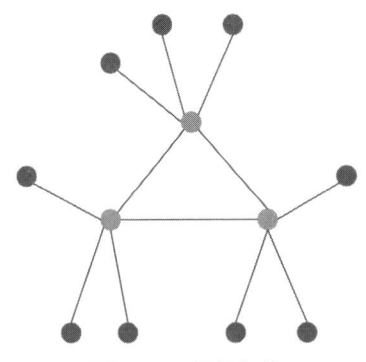

图 3-3　星状架构

星状架构的基本特点：一是稳定便捷、结构简单。星状架构的导弹装备体系弹性好，当一个链路断开后，其他冗余正常工作。二是覆盖区域广，便于将多种不同类型的体系要素集成装备体系。

星状架构的导弹装备体系在作战运用中，特别适合用于多兵种和多作战力量的联合运用。

第二节　导弹作战体系

什么是导弹作战体系？如何构建导弹作战体系？怎样更好地运用导弹作战体系？目前国内外不同的军队以及业内不同的专家和部门，都有不同的理解和表达。这种模糊的认识，对于导弹作战体系的发展、建设和运用，都会产生十分不利的影响。

一、导弹作战体系的概念

研究导弹作战体系的首要任务就是对导弹作战体系的相关概念进行科学准确的描述和定义，这是建设和运用导弹作战体系的基础。

（一）传统导弹作战体系概念

传统的导弹作战体系是指以导弹装备系统为核心的导弹作战体系。在这一体系中，除了导弹装备系统和作战人员之外，别无其他系统。一方面导弹作战受到导弹是火炮延伸理念的约束和影响，火炮装备系统即为火炮作战系统。在导弹发展的初期，这一概念也沿用到了导弹作战体系上。另一方面，导弹作战仅作为技术兵器或单一兵种的支援保障力量来运用，导弹作战体系就是单一导弹装备的集合，就是导弹装备的型号集。

早期的导弹作战体系尚未构建出闭环的杀伤链,导弹作战侦察预警、指挥控制往往沿用火炮作战的相应系统,因此,传统的导弹作战体系尚不是真正意义上的导弹作战体系。导弹作战体系尚不能依靠自身体系的闭环,独立地实施导弹作战。

这种技术上单一的划分,将导弹作战体系限制在单一的装备体系中,而使导弹作战体系只是成了配套的体系、技术的体系,导弹作战体系的各种功能被限制得十分苛刻,因而难以体现联合作战的思想和要求,难以体现杀伤链闭合的体系特点,难以体现执行特定作战任务的使命性要求。

(二) 现代导弹作战体系概念

现代导弹作战体系是指在信息体系的支撑和保障下,根据作战任务的需要,将导弹侦察预警、指挥控制和火力打击各功能系统,按照OODA作战流程的闭环要求,构建成的"人装结合"的作战体系。

现代导弹作战体系的概念相比传统导弹作战体系有了长足的发展。一是体现了体系作战和体系对抗的特点,导弹作战就不再是导弹与导弹之间的对抗,而是导弹作战体系与导弹作战体系的对抗;二是体现了信息体系的作用,更多地运用C4KISR信息体系的整体效能,实现目标侦察发现、作战指挥控制等功能,支撑和保障导弹独立遂行作战任务;三是体现了信息化导弹的作用,导弹的信息化使得导弹对战场和目标的感知能力、与信息体系的交互能力,都有了极大幅度的提升,使外科手术式的打击得以实现;四是体现了导弹作战所独有的样式和形态,火力机动成为作战力量兵力机动的重要手段和方式。

这一阶段的导弹作战体系,是将预警侦察、指挥控制、火力打击各自独立的系统,通过集成凝聚成体系。这种体系的结构较为单一,杀伤链较为薄弱,能够执行的作战任务受到局限,导弹作战体系的生存力、可靠性和有效性,在激烈的博弈中会被压制和削弱。

(三) 重新定义导弹作战体系概念

针对传统导弹作战体系没有体现联合化作战的问题,现代导弹作战体系同样尚未聚焦导弹中心战的问题,有必要重新定义导弹作战体系,以利于更好地体现导弹作战的核心特点,从而满足构建杀伤链、杀伤网的要求。

重新定义的导弹作战体系是指满足规定的作战任务要求,针对特定的作战对手,在一定的战场对抗环境下,导弹作战部队、导弹装备体系、导弹作战对手(体系/目标)和导弹战场环境"人、装、敌、环"四大要素组成的动态的有机整体。

这一重新定义更加丰富了导弹作战体系的内涵。一是包含了"人、装、敌、环"四大要素。定义是从战斗力出发的,体现战斗力四大要素,即作战人员、作战装备、作战对象和作战环境。二是指向了作战任务使命。导弹作战体系是为完成作战任务使命而应用的，体现了任务的空间性、时间性和指向性。三是揭示了敌对双方的博弈。从双方静态的筹划部署到动态的实战过程，体现了全要素的博弈和整体功能的对抗。对抗的激烈程度体现导弹作战体系的健壮和韧性强度。四是突出了主体客体的相互作用。"人、装"是作战的主体，"环、敌"是作战的客体，主体客体在特定的作战任务下实现了对立统一。

二、导弹作战体系的特点

（一）整体性

导弹作战体系整体性的特点体现在"人、装、敌、环"四大外在要素的关联性和内部一体的凝聚力方面，是要素内部与外部高度的整体融合，是一切功能的基础。整体性是由四大要素凝聚力的体现，是"1+1>2"的体系功能的表现，是团队大于个体的表现。首先，体现在体系四要素的各自特点的关联上；其次，是各要素相互融合形成有机整体。美军训练不强调单个军人的训练效益，而十分重视班级整体训练，强调的是班级效益，体系的理念在发生变化。

（二）秩序性

导弹作战体系是有组织结构、有逻辑秩序的。秩序性的最大特点是体现体系的协同有序。体系四要素之间是有组织逻辑的，作为主体性要素的"人、装"之间，是相互赋能的互动作用。"人、装"的最佳结合，是作战体系战斗力的主体反映。作为客体性因素的环与敌之间，是相互制约的负能作用。主体性因素和客体性因素之间，是构成作战体系的一体两面，是相互依赖、相互作用、相互影响的有机整体，是长短结合、协调集成、步调一致的生命系统。

（三）任务性

导弹作战体系是为完成任务而存在的，没有具体而实在的作战任务，就没有导弹作战体系的存在必要。作战任务可以是单一性的任务，只针对特定的目标、特定的场景和特定的要求实施；也可以是多样性的任务，可针对多种目标、多种场景和多种要求实施。作战任务可以是独立的任务，作战体系独立执行作战任务；作战任务也可以是联合的任务，多种导弹作战体系联合执行作战任务。

（四）强壮性

导弹作战体系的强壮性是指在激烈的体系攻防博弈中，在导弹作战体系受到压制和削弱时，导弹作战体系仍能够保持基本的作战能力，并在对抗条件消除以后，仍能恢复到原有作战能力的一种性质。导弹作战体系的强壮性也称为体系的弹性。具有强弹性的导弹作战体系，即使在最困难、最复杂的作战条件下，仍能够保持导弹作战体系的整体性，仍能够保持导弹作战体系的功能性，仍能够保持导弹作战体系的作战能力，仍能够保持导弹杀伤链的闭环要求。

（五）灵活性

导弹作战体系的灵活性，一是指导弹作战体系的使命任务要灵活多样；二是指导弹作战体系的构建框架要灵活多变；三是指导弹作战体系的杀伤链要灵活重组。灵活性体现在体系要素的灵活上，要素可多可少，可随机接入，可灵活重组；体现在作战软实力的灵活上，拥有坚定的理想信念，拥有高度的组织纪律，拥有精湛的技战素养，拥有顽强的战斗作风，拥有丰富的作战经验，拥有丰厚的文化传承，这是战斗力的核心主体，是导弹战斗力的决定性因素；体现在掌控作战对手的灵活上，掌控对手的作战实力，掌控对手的战争潜力，掌控对手的战略企图，掌控对手的人装体系，掌控对手的技战能力；体现在适应战场环境的灵活上，适应战场的自然环境，适应战场的社会环境，适应战场的对抗环境。

（六）简单性

导弹作战体系无论从规模上看还是从性质上看，仍然属于简单系统，仍然适用于还原论的一般法则。有些专家认为，由于武器装备、作战人员、战场环境、体系对抗均具有不确定性，造成装备体系和作战体系必然带有不确定性，因此装备体系和作战体系属于复杂系统。我们认为，将装备体系与作战体系视为复杂系统，按复杂系统科学的原理和方法分析和处理装备体系和作战体系，是不正确和不恰当的。由于武器装备采用鲁棒性设计，作战人员均为经过严格训练的高素质人员，战场环境是可预测可控制的，敌我双方的博弈均不会超出一定的范畴，因此装备体系和作战体系不确定性是经过严格限制的不确定性，不会带来体系的涌现、突变和进化。恰恰相反，无论从装备技术还是从作战运用上来说，我们都要严格控制，而且绝不允许体系出现突变和涌现的特征。

三、导弹作战体系的规律

作战体系的规律，体现在"人装结合"的规律上。

这种结合体现在"1+1>2"的规律上。人与装备相互赋能，整体大于局部之和。整体大于局部之和的机理，在于系统要素一经整合为体系，系统之间就有了物质流、能量流和信息流的交互。由于这种交互作用，使得原系统要素的功能和能力发生改变。如果这种相互作用是相互赋能的，就会产生整体大于局部之和的效果。

这种结合体现在"1+1=2"的规律上。人与装备相互孤立，整体等于局部之和。在这种情况下，体系并没有起到相互赋能、相互增强的作用，系统之间、人和系统之间没有实现有机的联系，整体的效率没有得到有效的发挥。

这种结合体现在"1+1<2"的规律上。人与装备相互制约，整体小于局部之和。在这种情况下，体系的整体架构和运行机制不合理，要素和要素之间相互制约和内卷，要素的原有能力和功能得不到有效发挥，体系的整体能力不升反降。

这种结合体现在"人、装、敌、环"的最佳匹配上。"人、装"的主观性因素与"敌、环"的客观性因素之间，要实现攻防的平衡，主观要与客观相适应，主观要针对客观来实现。如果主观与客观相背离，就会造成作战体系的失衡，就会造成体系对抗博弈的不对称，就会造成作战的失利和被动。

四、导弹作战体系的本质

既然作战体系的核心要素是战斗力的主体性因素，那么作战体系的本质主要体现在主体性因素的本质上。"人、装"是导弹作战体系主体性因素，"人、装"的本质即为导弹作战体系的本质。

装备体系是战斗力构成的物质因素，作战人员就是战斗力构成的精神因素。因此，战斗力的核心是精神因素和物质因素的相互结合、相互作用和相互增强。

在"人、装"两个要素中，"人"永远是第一位的要素，"装"永远是第二位的要素。因此，"人"的本质即为导弹作战体系的本质。

因此，我们将导弹作战体系的本质归结为作战人员对作战体系的能动作用。这种能动作用越大，越向增强武器装备的能力方向发展，向削弱敌方作战体系的方向发展，导弹作战体系的能力就越得到有效的提升。

五、导弹作战体系的要素

导弹作战体系由导弹作战的"人、装、敌、环"四大要素构成。

"人"主要指参加作战的部队的各级指战员。这些指战员主要分布于作战体系中的装备体系之上，组成"人、装"结合的作战力量。

"装"主要指作战体系中的装备体系部分。这些装备体系主要包括主战装备体系、保障装备体系、信息装备体系等。

"敌"主要指与己方作战体系相博弈对抗的敌方作战体系。

"环"主要是体系作战所面临的复杂的战场环境。

六、导弹作战体系的架构

在本章第一节中,我们给出了三种典型的导弹装备体系架构,即"树状"架构、"网状"架构和"星状"架构。

在构建导弹作战体系中,根据不同的作战任务、战场环境和作战对象,根据已有的装备系统要素,需要灵活构建导弹作战体系,灵活选择导弹作战体系的架构样式。

导弹作战体系的架构远不止于以上三种,根据要求的不同,可以灵活地选择和构建。标准在于所构建的体系是否具备高的效率和效益,是否能够完成规定的作战任务,是否在体系对抗博弈中始终占有优势和主动。

装备体系提供了搭建作战体系的基本模块,三种典型的架构提供了构建作战体系的基本样式,标准的规范接口提供了体系要素的互联互通互操作能力。搭建什么样架构的作战体系,全在于指挥员对作战使命任务的理解和决心上,对作战部队、装备体系、作战对手和战场环境的全面掌控和有效驾驭上。导弹作战体系不存在绝对好的体系架构,只有最适合、最灵变的体系架构。

七、导弹作战体系的构建

(一)基于杀伤链的构建

导弹杀伤链的概念首创了导弹毁伤链的内涵,明确了导弹杀伤链由筹划链、任务链、飞行链、毁伤链和评估链"五链"组成的小闭环,循环衔接而构成的大闭环的组成和层次,阐述了"五链"的具体内涵和作用机理,分析了"五链"闭环的相互关系。导弹杀伤链的构建和运用对于树立导弹中心战的作战理念,对于构建完整高效的导弹作战体系,对于掌握导弹作战的特点规律,对于引领导弹作战体系、导弹作战平台、导弹武器系统、导弹武器装备和导弹定制毁伤的未来发展,对于打赢制衡强敌的未来战争,均具有重要的意义。

导弹作战体系按杀伤链构建,是指导弹作战体系的要素要按照杀伤链的功能进行配置,导弹作战体系要素的衔接关系要按照杀伤链的作战流程进行设置,导弹作战体系架构要按照强弹性杀伤网的要求进行构建,这样既可以使导弹作战体系满足导弹杀伤链闭合的要求,又能够使导弹作战体系具备要素齐全、构架合理、强壮可靠的能力,还能够满足和适应导弹作战任务的需求。

按照杀伤链构建导弹作战体系,可以充分利用导弹装备体系模块化、标准化、"积木化"的技术成果,可以充分发挥指战员构建作战体系的灵活性和创造性,可以保证导弹杀伤链的闭合和弹性,可以完成并灵活拓展规定的导弹作战任务。

按照杀伤链构建导弹作战体系，是体系构建的最基本和最主要的方法。能否在复杂的战场对抗环境下，根据上级的作战要求，快速、灵活、有效地构建导弹作战体系，是对导弹作战部队技战素质和能力的考验。

（二）基于现有力量的构建

导弹作战体系是"人、装、敌、环"的系统集合，因此基于现有力量构建导弹作战体系，是指按照立足现有装备打胜仗的要求，把现有的装备体系模块高效地组织起来，把现有作战部队的技战素质与装备体系有机地结合起来，发挥装备体系的技术潜能，发挥作战部队的战术潜能，构建克敌制胜的导弹作战体系。

基于现有力量构建导弹作战体系，就是要在"知己"方面下功夫，知人善用、知装善用，把装备的技战性能发挥到极致，把部队的战术特点发挥到极致，从而形成以我为主、扬长避短的导弹作战体系。

（三）基于作战任务的构建

体系构建的样式和方法是无穷的，不同的样式和方法都可能满足作战任务的要求。在战场上最佳的样式和方法，是利用最简便、最少要素、最快杀伤链闭合时间等准则，构建满足作战任务要求的导弹作战体系，这就是基于作战任务的构建方法。

基于作战任务构建导弹作战体系能使用少的作战力量就不使用多的作战力量，能使用"树状"的体系架构就不使用"网状"的体系架构。一切都要从战斗力标准出发，一切都要从满足作战任务要求出发，一切都要从高效、简便、经济的原则出发。而不拘泥于所谓先进的体系架构，不拘泥于不计代价的提升导弹作战体系的能力和效率。

（四）基于作战对手的构建

基于作战对手构建导弹作战体系，是指针对导弹作战的对象，针对导弹打击的目标，针对己方导弹作战体系博弈的敌方作战体系的特点，构建非对称的、以我之长克敌之短的导弹作战体系。

基于作战对手构建导弹作战体系，必须按照"知彼"的要求，了解掌握敌方作战的指导思想和战术，了解并掌握敌方作战体系的"七寸"及其运用方法，了解掌握导弹作战所打击目标的关键和易损特性，这样才能在与敌方作战体系的博弈中发挥事半功倍的作用。

（五）基于战场环境的构建

基于战场环境构建导弹作战体系，是指导弹作战体系的构建和布势，要适应战场自然环境的要求，要适应战场社会环境的要求，要适应战场对抗环境的要求。

对于同样的作战任务，只要战场环境不同，导弹作战体系的构建就不同，这是"导弹作战体系必须因地制宜构建"的要求所决定的。

第三节　装备体系与作战体系的关系

导弹装备体系与导弹作战体系的关系主要体现在以下五个方面。

一、功能与任务的关系

装备体系是静态的，作战体系是动态的。装备体系是功能性的表征，作战体系是任务能力的体现。

二、潜能与显能的关系

装备体系是战斗力的潜力，是设计赋予的客观属性。作战体系是战斗力的体现，是实际发挥出来的战斗力，作战人员的技战素质，是潜能得以充分发挥的"发动机"。

三、主体与客体的关系

装备体系是主体性因素，是战斗力的主观体现。作战体系是主客体的相互作用，更多的是客体性因素。因此，装备体系与作战体系的关系，主要体现在主体与客体的关系上。

四、局部与整体的关系

装备体系是作战体系的局部，作战体系是战斗力要素的整体。整体大于局部之和，局部服从服务于整体。

五、乐高积木与乐高产品的关系

装备体系相当于乐高积木模块，作战体系是由这些模块搭出的成品。成品源于模块高于模块，成品融入了搭建者的智慧和搭法。模块的组合千变万化，成品的形态丰富多样。成品的质量既取决于模块，又取决于搭建者的手法。

六、技术与战术的一体关系

装备体系更多地体现了作战体系的技术特征和技术能力，作战部队更多地体现了作战体系的战术特征和战术能力。"设计装备就是设计未来战争"，其一方面强调技术决定战术,要有好的装备才能打胜仗;另一方面强调战术对技术的能动作用,利用战术弥补技术的不足,利用战术发挥技术的潜能。因此,导弹装备体系与导弹作战体系是技战一体的关系,是相互赋能、相互作用的关系。

综上所述,作战体系包含装备体系,装备体系从属于作战体系,装备体系是作战体系的物质性因素,作战体系使装备体系的潜能得以发挥,装备体系是一种客观存在,而作战体系则相对于作战客体存在。

第四节 导弹作战体系的发展与运用

从导弹作战体系的主体要素出发,导弹作战体系的发展主要是"人、装"的发展,我们重点研究导弹作战中的装备要素如何发展的问题,人的发展另当别论。导弹作战体系的运用涉及战略、战役和战术运用的各个方面,我们重点研究导弹作战体系运用的一般原则和指导思想。

一、导弹作战体系的发展

从乐高积木的启示中可以看出,乐高积木搭法和成品的可能性是由乐高积木块的基本性和基础性所决定的。用最少的和最基本的乐高积木搭出琳琅满目、丰富多彩的乐高玩具成品,满足玩家各种体验和需求,是乐高积木的成功之道,也是乐高积木对装备体系发展的最重要的启示。导弹装备体系是导弹作战体系的物质属性,按照物质第一性原理,导弹装备体系的发展决定了导弹作战体系的发展。由于导弹作战体系的发展随作战任务、作战环境、作战对手、作战要求的不同而发生变化,唯一不变的是导弹作战体系所包含的装备体系的物质要素。因此,我们要透过导弹装备体系的发展道路去探寻导弹作战体系的发展途径。

(一)坚持模块化发展道路

导弹作战体系坚持模块化设计,精干化发展。使用6种乐高基本积木块,就可以搭建数亿种不同的"世界",这告诉我们三个道理:

1. 无论体系多么庞大复杂,其基本组成要素是有限的

基本要素可以组成复杂要素,复杂要素又可以组成复杂体系,而体系的"基因"就是几种基本要素。哪些要素能够成为基本要素,一定是从体系整体的要求出发,一定是从全部体系的共性出发,一定是从体系构建的要求中出发,一定是从体系的不同功能出发,设计出最基本的组成要素,筛选出的功能最为基础、结构最为简单、使用最为频繁的基本要素。这样一些要素作为基本

要素,作为体系的"基因",作为"三生万物"的基础,作为自然世界的"五行",作为光怪陆离的"三原色",就可以演化出种类繁多的体系产品。

2. 基本要素不仅是有限的,而且是极简的

正如乐高积木的条板块等,复杂是由简单搭配起来的,基本要素不能复杂,一旦基本要素变得复杂,体系的构建就会受到制约,体系的灵活性就会受到限制。对装备体系而言,无论是何种形态,无论是何种功能,无论是承担何种使命,它们都具有OODA功能串属性。只是随着任务的不同,功能串的性质不同而已。对于不同性质的装备体系,可以选择不同性质的基本要素,以满足所有作战任务的需要。这有点像不同系列的乐高积木,系列和目的不同,积木的基本要素亦不同,但不排除其中的一些积木块对所有系列的乐高积木都具有通用性,正如装备体系中的指挥控制要素一样。

3. 模块化是分层次的

首先是装备体系的模块化,组成体系的系统是模块化的,是由有限且简单的基本系统组成的,基本系统是体系的基本要素。其次是装备系统的模块化,组成系统的装备是模块化的,是由有限且简单的基本装备组成的,基本装备是系统的基本要素。最后是装备自身的模块化,组成装备的子系统是模块化的,是由有限且简单的子系统组成的,基本子系统是装备的基本要素。

综上所述,可以说模块化是装备体系发展的生命。

(二) 坚持标准化发展道路

标准化是指将体系要素联接在一起的结构和信息接口,具有一致性、通用性和稳定性。只有接口标准具有一致性,各种装备要素才能组成有机的体系,体系才具有开放性和灵活性,体系要素才能够即插即用。

不同军种的装备体系要具有标准的一致性接口,只有这样,才能保证满足联合作战体系的需要。

不同性质的装备体系要具有标准的一致性接口,只有这样,才能将进攻与防御、硬与软等装备体系凝聚成一体化的作战力量。

不同功能的装备体系要具有标准的一致性接口,只有这样,才能保证满足各种OODA功能串的构建要求,才能搭建能够独立执行任务的、功能完整的装备体系。

不同层次的装备和体系要具有标准的一致性接口,只有这样,才能保证满足从装备体系的内在联系中实现要素的融合和统一,从而实现底层要素的内在性匹配。

不同代际的装备体系要具有标准的一致性接口,只有这样,才能保证满足新老装备和体系之间可以搭成统一的体系,可以立足老装备,通过老装备的不

同构建,加上战法的灵活运用来获得战争的胜利。

综上所述,可以说标准化是装备体系发展的灵魂。

(三) 坚持规范化发展道路

乐高积木块搭建成品是有方法、有技巧、有规律可寻的。这些基本搭法,可以保证搭建更加简便容易,成品更加坚固美观,积木数量更加节省,拓展组合更加便利。

乐高积木块的搭法是与装备体系的架构相对应的。对一个装备体系来说,仅具有组成要素是不够的,还必须有一种或几种架构使组成体系的所有要素之间按一定规则逻辑和时间空间建立起相互沟通和联系,建立起物质流、能量流、信息流交互,使体系得以成立,使得体系获得"1+1>2"的赋能。

这里所说的规范化,是指装备体系架构的规范化,组成体系的基本架构是有限的和简单的。要素相同但架构不同,组成的体系自不相同;架构方式相同但要素不同,组成的体系性质也不同。

综上所述,可以说规范化是装备体系发展的中枢。

(四) 坚持灵活化发展道路

灵活化是指搭建的装备体系,必须是灵活多变的,不能是一成不变和僵化的,以适应不同的战争形态、不同的作战对手和作战环境、不同的作战样式和作战任务。

基本模块、基本接口、基本架构虽然是有限的和简单的,但是它们的排列组合是丰富的,这是实现灵活性的基础。

体系的灵活性主要体现在两点,第一点是体系构建的可能性。这是由模块接口和架构决定的,是体系研发设计所赋予的。第二点是体系构建的操作性。这是由作战部队的素质决定的,是指挥员技战水平所赋予的,来源于刻苦的训练,来源于过硬的本领。这两个方面相辅相成、缺一不可。

灵活性必须建立在强弹性之上,装备体系的弹性有三个重点:第一个是要素的弹性,一般靠要素的冗余实现,也可以通过要素的重组达成;第二个是接口的弹性,接口的环境适应性和鲁棒性是接口弹性的关键;第三个是架构的弹性,理想的架构(如马赛克体系)可以重构杀伤链和杀伤网。

综上所述,可以说灵活性是装备体系发展的价值。

(五) 坚持战略性发展道路

这里所说的战略性是指装备体系发展所涉及的基础性、根本性和长远性问题。对于从事装备发展和体系建设的部门,主要应抓好三方面的工作。

1. 基本模块的顶层设计

区分装备体系的不同系列,筛选基本的体系模块;区分装备体系的不同层次，筛选基本的系统模块；区分装备体系的不同任务，筛选基本的功能模块。按照打赢战争的基本要求，把这些基本模块发展好、建设好，真正实现模块的好用、实用、管用。

2. 基本接口的顶层设计

按照联合作战、一体化作战的要求，打通不同军种体系的壁垒，打通不同体系的界限，打通不同任务的隔阂，打通物质、能量、信息的流动。既要立足当前又要兼顾长远，既要搞基本型又要搞系列化，把基本接口作为装备发展的重点，一以贯之地抓好落实。

3. 基本架构的顶层设计

没有架构就没有整个体系，要按照不同的战争设计，把三种装备体系的基本架构发展好、建设好、使用好，并且能够方便地对基本架构进行变形和拓展，以适应未来战争的灵活需求。

综上所述，可以说战略性是装备体系发展的胸怀。

总之，坚持"五化"的发展道路，是导弹装备体系和导弹作战体系建设的根本规律，是打赢未来战争的物质基础，必须久久为功、持之不懈抓紧抓好，必须统一思想、统一规划、统一行动，必须改变以任务带体系的惯性，必须突破短板的局限。

二、导弹作战体系的运用

导弹作战体系运用的一般作战原则是导弹作战的通则，反映的是导弹作战的基本流程、客观规律和把握要点。

（一）形散能聚，攻防一体

形散能聚是指导弹兵力和火力作战部署的"形"有利于形成导弹作战的"势"。通过分布式部署的"形散"来实现集中优势火力的"能聚"。布势的总体要求是进可攻退可防，有利于兵力和火力的机动。其运用的原则包括统一区分、灵活编组、动态配置、攻防一体。

统一区分是指针对不同军兵种、不同种类导弹、不同装载作战平台的性能特点和长短板，按照扬长避短、审势用弹、提高效益的原则合理分配任务。其中，战略级的力量，要由上级统一掌握；战役战术级的力量，要向下级部队配属。

灵活编组是指兵力要化整为零、小群多样、分散部署。除了有主战编组之外，还要有预备编组和机动编组。

动态配置是指适应现代战争的特点要求，兵力和火力编组要实行分散部署、梯次部署、纵深部署和网状部署，以提高机动能力、生存能力和作战能力。

攻防一体是指导弹的进攻作战和防御作战是一个有机的整体,是一个问题的两面,是相互作用的对立统一。现代导弹作战行动节奏快、攻防转化快,没有防御的进攻就是"自杀式"的进攻,没有进攻的防御则会陷入被动。

导弹作战的进攻体系和防御体系既有联系也有区别。有联系是因为两个体系的某些要素是共用的,有区别是因为两个体系的一些要素是相互独立的。因此,对一些作战平台而言,进攻和防御会相互影响,需要分时控制。这种体系的分离性与攻防作战一体性的要求是格格不入的。

以攻助防、以动助防、以藏助防、以防助攻、攻防转换、防御反击等,是常用的和有效的攻防一体举措。

(二)集中火力,重点打击

集中火力是指把各种火力集中到重点方向、重点时机和重点目标上。它是对传统战争"集中优势兵力打歼灭战"思想的继承和发展。从兵力的集中转变为火力的集中,从兵力的机动转变为火力的机动,从数量的优势转变为质量的优势,从硬打击转变为软硬结合打击,从静态集中到动态集中,这是现代战争集中火力的重要体现。

重点打击是指在打击方向、打击目标、打击时机的选择上突出重点。没有重点就没有战略,也就没有战争的胜利。重点打击的同时,要兼顾全方位、全纵深打击。重点打击的方向要与战役的主要方向相一致,重点打击的时机要与战役的攻防关节相协调,重点打击的目标要与剥夺战争意志的战役目的相结合。

(三)信火结合,协同运用

信火结合是指信息力与火力的直接交联。其中,信息力是火力的倍增器。信火结合的方式主要包括星导结合、机导结合、舰导结合、地导结合、导导结合等。

星导结合是指卫星和导弹的直接交联。导航卫星可以向导弹分发导航定位信息和时间基准信息,通信卫星可以向导弹分发指挥控制信息,侦察卫星可以向导弹分发目标信息。这些信息和导弹的制导控制信息相结合,可以实现导弹制导精度链的闭合,支撑和保障导弹完成作战任务。这是典型的从传感器到射手的交联。

机导结合是指飞机与导弹的直接交联。预警飞机可以为导弹提供目标信息和态势信息,作战飞机可以为导弹提供引导信息,无人机可以为导弹提供侦察信息,这些信息都有利于导弹提高突防能力、目标跟踪能力和打击能力。

舰导结合是指水面舰艇与导弹的直接交联。水面舰艇获取的目标和态势信息可以与导弹获取的制导信息双向交联，为导弹作战提供全面的信息支援。

地导结合是指地面作战单元与导弹的直接交联。地面发射单元可对导弹发射飞行初段进行引导和控制。地导结合的另一种形态是特种兵直接召唤导弹打击。

导导结合是指导弹与导弹之间的直接交联，这是导弹协同作战的技术基础。信息级的交联可使导弹之间共享制导信息，信号级的交联可使导弹共享其他导弹的"眼睛"。

协同运用是指兵力和火力之间的主动配合与密切协同。信息突击、兵力突击和火力突击相辅相成，互为补充，连成一体。攻防体系的协同运用，依靠体系要素组合和快速转换达成。信息与火力的协同运用，依靠信息链联通达成。军种兵力的协同运用，依靠指挥控制网联通达成。导弹蜂群的协同运用，依靠弹间数据链联通达成。协同运用既有兵力协同，也有火力协同；既有时间协同，也有空间协同；既有程序协同，也有随机协同。

（四）迅猛精准，灵活持续

迅猛精准是指准备充分、反应迅速、火力猛烈、打击精准。

充分准备体现在周密计划、情报收集、兵力部署、火力筹划、组织协同等方面。

反应迅速体现在快速反应能力和快速机动能力等方面。

火力猛烈体现在短促的时间内实施高密度导弹作战，给敌方以沉重的打击和强烈的震撼等方面。打击精准主要体现在首发命中、发发命中，并达到要求的毁伤等方面。

灵活持续是指导弹作战的战法灵活和打击持续。

战法灵活体现在充分发挥导弹作战的体能、技能和战能优势，体现在有效提高导弹作战的生存能力、突防能力和打击能力，体现在精准地把握敌作战体系的瓶颈和薄弱环节等方面，体现在充分适应战场空间和战场环境等方面。

打击持续体现在满足要求的火力密度和火力强度，体现在持续有效的导弹作战保障和技术保障，体现在导弹武器装备持续快速生产、供应等方面。

第四章

导弹作战体系的体系效率

  导弹作战体系是针对特定的作战使命而构建的导弹杀伤链的集合,是"人、装、敌、环"的博弈对抗体,是发现、分类、定位、跟踪、打击和评估各作战目标的有机整体。导弹作战体系具有要素、结构和关系的复杂性,具有与其他作战体系的关联性,具有与敌方作战体系相互作用、相互损毁的对抗性,无论其静态组成还是其动态演进,呈现在我们面前的是纷纭复杂的表象和联系,这就为深刻理解和把握导弹作战体系的本质带来了困难和阻碍。

  在《导弹时空特性的本质与表征》和《精确打击武器系统论》中,我们通过深刻地理解和认识导弹及其武器系统的本质特征和核心能力,运用科学的分析方法,得到了导弹及其武器系统的本质的简明表达式,取得了较好的应用效果。顺着这个思路,为了更科学、更准确地表征体系的本质模型,我们从动力学、控制论、电力学三种不同的学科理论工具出发,按照体系的相似映射关系,分别对体系模型进行推导和归纳,得到了相同的简明数学解析表达。这不仅是大道至简的体现,也是殊途同归的必然。

第一节 导弹作战体系的本质

  认识导弹作战体系的本质,需要按照毛泽东"由此及彼、由表及里、去粗取精、去伪存真"的思维方法,从导弹作战体系的复杂表象中,从导弹作战体系要素的相互联系中,从导弹作战体系攻防博弈的能力体现中,剥茧抽丝,揭开面纱,直接揭示导弹作战体系的本质。

一、导弹作战体系的能力

(一)导弹作战体系能力的传统表达

1. OODA 的作战链的功能表达

  将"观察—调整—决策—打击"作战链路涉及的各要素,如探测、指控、火力等分别进行功能性描述,最终实现对导弹作战体系杀伤链生成能力表征的一种方式。这是一种对导弹作战体系的功能性质分别进行能力表征的方式，表达了导弹作战体系能力之间的逻辑关系。

2. 五种作战能力的能力表达

从机动力、火力、信息力、防护力和保障力等不同维度，描述和表征导弹作战体系能力。运用"五力"表达导弹体系的作战能力，借鉴作战平台能力的表达方式，符合战争形态从机械化到信息化的基本规律。这是一种按照导弹作战体系能力属性进行能力划分的方式，既具有一定的独立性，又具有较强的关联性。另外，这也是一种能够体现体系对抗能力的表达方式，具有作战能力的动态性和对抗性特征。

3. 按作战流程的过程表达

按导弹作战体系作战过程的先后顺序，如预警、识别、跟踪、拦截、对抗等，对导弹作战体系的作战任务分工进行描述的表达方式。这是一种侧重于导弹装备体系各系统能力的表达方式，体现的是导弹作战体系中装备属性的能力。这是一种在体系对抗条件下，导弹作战体系各组成要素实际呈现的作战能力。

（二）传统能力表达的局限性

1. 包含不全

功能包含不全，OODA的四大功能描述没有涵盖作战筹划和作战评估功能。其能力包含不全，五种能力的表达更多呈现的是作战平台的能力特征，而导弹作战体系是包括导弹作战平台在内的更大的系统，其能力还包含诸如凝聚力等导弹作战体系所呈现的体系能力。流程包含不全，传统的流程表达趋向于一个串行的工作流程，而导弹作战体系的作战流程往往还具有并行的作战流程和逆行的作战流程。

2. 重点不清

在功能表达方面，OODA的四大功能是并重的，没有体现出重点和关键。在能力表达方面，体现的更多是导弹作战体系外在的能力表现，而对其内在的能力素质缺乏描述。在过程表达方面，体现最多的是业务流程，而缺乏对其内在的逻辑关系描述。

3. 对抗不足

在导弹作战体系的功能上，偏于静态的描述和表达，缺乏导弹作战体系功能的定义性和互补性。在导弹作战体系的能力上，偏于作战平台的能力表征，缺乏导弹作战体系能力的整体性和完整性。在导弹作战体系的过程上，偏于体系自身的作战流程，缺乏博弈的动态变化。

这种局限性不仅造成对导弹作战体系本质的理解和认识的鸿沟，而且在表征和评估导弹作战体系能力的时候,还会造成"眉毛胡子一把抓"的乱象,更重要的是在研发和构建导弹作战体系的过程中,造成导弹作战体系核心能力的平均化和隐藏化。这从一个侧面表明了研究导弹作战体系本质与表征的深刻意义。

(三) 导弹作战体系能力的概念内涵

为解决导弹作战体系传统能力表达的局限性,我们从本质性、整体性、关联性、博弈性出发,对导弹作战体系的能力重新定义,将导弹作战体系的能力表征为凝聚力、协同力、弹性力、覆盖力、敏捷力。

导弹作战体系能力是指导弹作战体系内在素质所决定的、在导弹作战博弈对抗运用中所呈现出的,具有稳定性、全面性、深刻性和特征性的能力。

1. 凝聚力

凝聚力原指同一种物质内部分子间相互吸引的力。后引申为民族或团队成员之间聚集、团结的力量。由于存在凝聚力,社会共同体才保持着自身的内在规定性,一旦凝聚力消失,社会共同体便会趋于解体。

在导弹作战体系中,凝聚力是指导弹作战体系各要素之间相互联系、相互作用的紧密程度和聚合能力。凝聚力体现的是导弹作战体系各要素之间物质流、能量流、信息流、控制流的交互,以及由此产生的体系整体效能的提升。这就是"1+1>2"的机理,这就是整体大于局部之和的含义。

由于存在凝聚力,导弹作战体系就会始终保持规定和稳定的功能逻辑,就会始终拥有设计所赋予的能力和素质,就会在导弹攻防博弈的动态过程中始终维护有机的整体和能力。一旦丧失凝聚力,导弹作战体系各要素之间就会失去关联性,导弹作战体系的整体架构就会坍塌,导弹作战体系就会变成"一团散沙",导弹作战体系将功亏一篑。

2. 协同力

协同力原指团队精神的核心推动力和黏合剂。由于存在协同力,团队能力可以超越个人能力的简单叠加,能够独立闭环,完成急难险重的任务。一旦协同力下降或消失,团队整体能力将大幅降低,目标任务将难以完成。

在导弹作战体系中,协同力是指导弹作战体系诸要素之间步调一致、相互支撑、齐心协力地完成特定目标任务的能力,是导弹作战体系与其他作战体系协同作战的能力。协同力展现的是导弹作战体系功能分配和架构设计,展现的是导弹作战体系的组织性、制度性和秩序性,展现的是导弹作战体系的内部各要素的相互作用的规定性、纪律性,展现的是导弹作战体系与外部其他作战体系相融性、连通性,展现的是导弹作战体系的开放性和互操作性。

由于协同力的存在,导弹作战体系就会始终保持有机的整体性和完整性,就会在导弹攻防博弈的动态过程中保持战无不胜的组织纪律性。一旦丧失协同力，导弹作战体系内部就会形成"内卷"，导弹作战体系的能力就会产生耗损，导弹作战体系与其他作战体系就会发生脱节，就会拖累和影响整体作战体系能力的发挥。正所谓"一将无能，连累三军"。

3. 弹性力

在物理学上，弹性是指物体在外力作用下发生形变，当外力撤消后能恢复原来大小和形状的性质。当物体所受的外力在一定的限度以内，外力撤消后物体能够恢复原来的大小和形状；在限度以外，外力撤消后不能恢复原状，这个限度叫作弹性限度。在经济学上，弹性是指一个变量相对于另一个变量发生的按一定比例的改变的属性。由于存在弹性力，物质就会保持和恢复固有的属性，经济体就会抗击和抵消各种因素变化对经济活动的影响。一旦弹性力消失，物质的属性就会改变，经济体的活力就会降低。

在导弹作战体系中，弹性力是指在对抗博弈中或在恶劣战场环境下，导弹作战体系的功能和能力虽然有所改变，但仍能保持和恢复基本的和规定的作战功能的能力。弹性力体现的是导弹作战体系的强壮性和鲁棒性，体现的是导弹作战体系抗毁能力和抗压能力，体现的是导弹作战体系的自组织能力和自修复能力，体现的是导弹作战体系要素的冗余性和体系架构的重组性。

由于弹性力的存在，无论处于何种等级的博弈中或何种严酷的战场环境中，导弹作战体系始终保持所需要的作战能力，就会呈现出优良的环境适应性，就会在与强敌的博弈中占据主动，就会成为"打不死的小强"。一旦弹性力丧失，即便导弹作战体系的初始功能和能力再强，在激烈的博弈和严酷的战场环境下，就会失去基本的功能和能力，就会成为外强中干的"花架子"，就会成为中看不中用的摆设。

4. 覆盖力

覆盖原指遮盖、掩盖，也指空中某点发出的电波笼罩下方一定范围的地面。覆盖力原指遮盖、掩盖和笼罩的程度和能力。由于存在覆盖力，覆盖物对被覆盖物产生遮蔽和保护作用，规定的能力就会笼罩更大的区域和范围。一旦覆盖力丧失，被覆盖物就会暴露，其笼罩的区域和范围就会大幅缩减。

在导弹作战体系中，覆盖力是指导弹作战体系力量布势的覆盖范围和区域大小，是指导弹作战体系功能和能力能够覆盖的时空范围，是指在激烈的博弈和严酷的战场环境下，导弹作战体系能够对打击目标实施侦察发现、分类识别、跟踪定位、火力打击、效果评估等一系列作战行动的能力边界，是指导弹作战体系对任务、目标、区域、作战域全天时、全天候的覆盖能力。覆盖力体现的是导弹作战体系OODA杀伤链的作用范围，体现的是导弹作战体系各种作战功能覆盖能力的交集，体现的是导弹作战体系对多种作战域目标的跨域作战能力，体现的是其在不同气候、环境和对抗条件下保持基本的覆盖边界的能力。

由于存在覆盖力，导弹作战体系就会始终朝着更快、更高、更强的方向发展，就会始终朝着多域作战和全域作战方向发展，就会始终朝着广域分布、协同作战的方向发展，就会始终朝着网络化、一体化、无人化、智能化的方向发展。一旦覆盖力丧失，导弹作战体系的能力就会极大地压缩，导弹作战的力量范围就会受到极大的局限，导弹对抗空间差的优势就会削弱，导弹作战的非对称、非接触、非线式的特征就会丧失，导弹就如同黑旋风李逵在水中败给浪里白条张顺那样，由于作战域的改变而变得毫无用武之地。

5. 敏捷力

敏捷是指反应（多指动作或言行）快捷。敏捷力原指在最大速度和力量下，能够爆发性地移动并保持平衡的能力，是一种动态能力，是一种通过创造变化和响应变化在不确定和混乱的环境中取得成功的能力，是成功实现、应对和利用环境变化的能力。在项目管理中，敏捷项目管理简化了烦琐的流程和文档管理，主张面对面地进行沟通和交流，倡导拥抱变化、快速反应、价值优先，在面临时刻变化的市场需求的情况下，能够保证在短时间内交付可靠的产品。效率是敏捷度的重要衡量标准。

敏捷力是指在动态的攻防博弈的情况下，导弹作战体系能够及时和灵活应对动态变化的能力，是在设计规定的要素和架构框架中导弹作战体系快速和灵敏的反应和运作能力，是研发、构建和运用导弹作战体系的时间效率、成本效率和打击效率。敏捷力体现的是导弹作战体系的应变能力，体现的是导弹作战体系对战场环境的适应能力，体现的是导弹作战体系在各种对抗条件下完成特定目标任务的能力效率。

由于存在敏捷力，导弹作战体系就更加具备动态性和创造性，就更加具有适应对手和环境变化的适应性和对抗性，就更加具有实现目标任务的灵活性和多样性，就更加具有高效的作战效率和效能。一旦丧失敏捷力，导弹作战体系在变化的对手、变化的环境、变化的任务、变化的场景下，就会能力降低、效能下降、效率低下，就会变成落后的作战体系，就会丧失和削弱导弹作战体系的功能。正如一个气大力沉的拳击手，在对手灵活机动的战略战术下束手无策，只能被动挨打。

导弹作战体系的五种能力是体系作战能力的整体性呈现。各种作战能力既相互联系，又相互区别，在一定条件下相互转化、相互促进。

二、导弹作战体系的核心能力

在导弹作战体系的五种能力中,哪一种能力代表导弹作战体系的核心能力呢?对于这个问题,不同专家、不同学者和不同领域都有不同的认知和看法。

(1)在政治和组织体系中,更加注重和强调团队、体系的凝聚力,以保障高度的集中统一、高度的组织纪律和高度的令行禁止。

(2)在科研和竞技体系中,更加注重和强调团队、体系的协同力,以保证团队和体系内部的协同配合和有机运转,保证与团队和体系外部的协调顺畅和无缝连接,保证团队和体系整体能力大于局部能力之和。

(3)在经济和竞争体系中,更加注重和强调体系的弹性力,以保证在激烈竞争的环境中保持和占领市场的份额,保证经济体系的稳定性和安全性,保证在不确定的市场环境中保持经济体的韧性和弹性。

(4)在社会管理和文化体系中,更加注重和强调覆盖力,以保证社会管理的法制性和普适性,保证教育、宣传、娱乐等文化要素的普及性和广泛性,保证社会管理和文化普及的持续性和有效性。

(5)在战争体系和作战体系中,则更加注重和强调敏捷力,以保证各种作战资源和作战力量召之即来、来之能战、战之必胜,保证战争体系和作战体系敌变我变、我变在先的应变能力,保证对各种作战对手、目标任务和战场环境适应性和灵活性,保证在激烈的博弈条件下体系作战的效能和效率。

按照以上的逻辑分析和推理,敏捷力是导弹作战体系的核心能力。

三、导弹作战体系敏捷力的本质

(一)导弹作战体系的核心属性

导弹作战体系的敏捷力具有多重属性,既具有环境的适应性,又具有对手的应变性,也具有任务的多样性,还包含完成目标任务的效率性。在诸多属性中,哪一种属性是敏捷力的核心属性呢?

(1)对敏捷力的环境适应性而言,对一个特定的导弹作战体系来说,对各种作战环境是预先规定和设计的。通常,在规定的作战环境范围之内,导弹作战体系必须保持应有的功能和能力;如果超出规定的作战环境变化,导弹作战体系的功能和能力将具有较大的不确定性,这是应当防止出现的情形。这就需要在规定环境和设计环境时,尽可能地考虑到各种作战环境的覆盖。从这个意义上讲,导弹作战体系的环境适应性是设计赋予它的体系固有能力,考虑到敌对双方导弹作战体系的对抗环境,在通常的作战条件下一般不会超出规定的环境。因此,环境适应性不是导弹作战体系中敏捷力的核心属性。

（2）对敏捷力的对手应变性而言，一般导弹作战体系的设计和构建都是针对强敌进行研发和运用的，只要没有新的更高的强敌出现，只要没有更新的目标出现，导弹作战体系的对手一般不会超出规定的设计条件，更弱或者次弱对手的出现和改变，不会削弱和降低导弹作战体系的敏捷力。因此，敏捷力的对手应变属性也不是导弹作战体系敏捷力的核心属性。

（3）对敏捷力的任务多样性而言，一般导弹作战体系的建设和运用都是基于某种或多种特定的作战任务的，都是用于打击一类或多类作战目标的，没有必要也没有可能发展一型万能的导弹和导弹作战体系，能够覆盖不同的导弹作战任务和目标。同样地，一型导弹和一种导弹作战体系也不能只针对一种作战任务和一类作战目标，必须在以一种作战任务和一类作战目标为重点和前提下，尽可能拓展其他作战任务和作战目标，而且这种拓展也不是可以任意增加的，在任务种类和目标性质上一般是相近或相似的。因此，敏捷力的任务多样性仅存在于一定条件下，也不是导弹作战体系敏捷力的核心属性。

（4）对敏捷力的完成目标任务的效率性而言，由于导弹作战体系是一种任务体系，是包含"人、装、敌、环"四大要素的动态作战体系，因此能否完成规定的导弹作战任务，能否在激烈的博弈对抗条件下高效完成导弹作战任务，既是导弹作战体系建设和运用的目标目的，也是衡量导弹作战体系核心能力的度量标准。因此，完成任务的效率性是导弹作战体系中敏捷力的核心属性。

（二）导弹作战体系的核心效率

对导弹作战体系的效率而言，既包括导弹作战体系的时间效率和成本效率，又包括导弹作战体系的固有能力效率和实战能力效率。那么，哪种效率是导弹作战体系的核心效率呢？

（1）对导弹作战体系的时间效率而言，是指导弹作战体系的能力与导弹作战体系中OODA闭环时间的比值，其物理意义在于是单位时间获取的导弹作战能力。而导弹作战能力既包括了自身导弹作战体系的能力，又包括了与之相对抗的敌方作战体系的能力对己方作战能力的影响，既包括了装备体系这种物的因素，又包括了作战人员这种人的因素；既包括了导弹作战环境的因素，又包括了作战运用的技战术因素，这种多因素下的时间效率既难以表征，又难以评估，更难以客观地界定。因此，导弹作战体系的时间效率不适宜作为导弹作战体系的核心效率及其表征。

（2）对导弹作战体系的成本效率而言，是导弹作战体系的能力与导弹作战体系的成本代价之比，其物理意义是单位成本代价所获得的导弹作战能力。由于对导弹作战来说，其打击的往往是高价值的军事目标，所以具有固有的高交换比。因此，成本效率不是导弹作战体系的核心效率。

（3）从导弹作战体系的实战效率而言，是指导弹作战体系的实战效能，是获取的导弹作战效果与投入的导弹作战力量之比，其物理意义是单位导弹作战力量所获得的作战效果。这一作战效能更是"人、装、敌、环"的复杂函数，更加难以明晰地表征、分析、计算和评估。因此，实战效率也不是导弹作战体系的核心效率。

（4）从导弹作战体系的固有能力效率而言，是导弹作战体系设计所赋予的、体系所固有的能力与体系所付出的代价之比，是导弹作战体系的固有效率特征，不依赖于作战人员、作战对手和作战环境的改变而变化。如果能够找到导弹作战体系固有能力效率的简明的解析表征，就可以描述和分析导弹作战体系的核心效率特征。因此，导弹作战体系的固有能力效率才是导弹作战体系的核心效率要素。

综上所述，导弹作战体系的本质是敏捷力，而导弹作战体系敏捷力的核心是固有能力效率。因此，导弹作战体系的本质是导弹作战体系的固有能力效率，也称为导弹作战体系的体系效率。

第二节　导弹作战体系的动力学表征

本节从导弹作战体系本质出发，从动力学基本原理出发，来论述、证明和解析导弹作战体系。这种思维和方法与导弹投掷比冲和导弹系统功率是相同的，我们也正是利用相同的方法，让导弹、导弹武器系统和导弹作战体系时空特性的本质与表征处于同一逻辑思维框架之中，使其具有统一的理论基础和相互支撑。

导弹作战体系主要包含若干种类的、不同性能、不同能力组成的、以导弹武器系统为核心的系统集合。导弹作战体系中发挥核心作用的是各种导弹武器系统，作为系统之系统，导弹作战体系客观上也存在一个系统功率，即 $W = N \times S/T$。这里的 N 是导弹作战体系所包含的火力密度，S 是导弹作战体系覆盖范围交集，T 是导弹作战体系覆盖最远边际所需的 OODA 闭环时间（也可以用平均 OODA 闭环时间表征），W 是导弹作战体系中各种导弹武器系统功率之和。当然，导弹作战体系的功率不是简单的等于各导弹武器系统功率之和，而是由于体系的聚合作用呈现整体大于局部之和的规律决定的。但为了后续理论上和逻辑上的简洁性，我们先按局部之和来进行计算和分析，这样得到的结果会小于等于实际导弹作战体系的功率结果。用这样的方法来处理，既简化了理论分析的过程，又不影响对导弹作战体系本质的揭示和简明的表征。它本身就是一种对导弹作战体系功率的近似值。

一、导弹作战体系的哑铃模型

(一) 导弹武器系统的哑铃模型

从空间维度看,导弹作战体系的对抗过程实质是在防空体系、平台与目标之间建立起物质流、能量流、控制流、信息流(并称为"四流")的过程。即攻防对抗是进攻方和防御方的物质流、能量流、信息流和控制流的融合交互,"四流"的相互作用决定了进攻方和防御方的作战形态、作战样式和作战能力。

从时间维度看,导弹作战体系的对抗过程可高度抽象和凝练为发现、跟踪、瞄准、决策、打击和评估等多个步骤组成的循环过程。这一循环过程最初用于描述空战,也被称为 OODA 循环。

将以上攻防对抗过程的时间和空间描述,在统一的时空框架下整合并进一步抽象,即可得到导弹武器系统的哑铃模型,如图 4-1 所示。

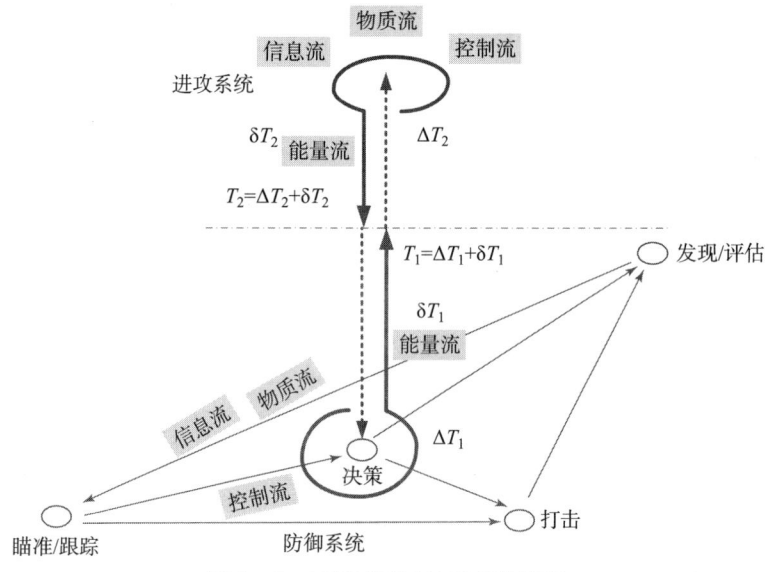

图 4-1 导弹武器系统的哑铃模型

从图 4-1 中可看出,攻防双方的 OODA 闭环时间均由两项构成:固有闭环时间和对抗闭环时间。前者表示系统的一些固有能力,后者表示系统在实际作战中呈现出的能力,两者之和即为从 OODA 维度描述的系统作战效能。

攻防双方谁先把能量流投送到对方,谁就能先完成 OODA 链路闭环,进而在对抗中取胜。因此,可考虑在定义物质流、信息流、控制流和能量流的基础上,引入"流速"的概念。

站在守方角度看,提升"流速",意味着在经过同样时间的情况下,防御方能量流动对应的长度（防御方哑铃手柄长度）大于进攻方能量流动对应的长度（进攻方哑铃手柄长度），极限情况为进攻方哑铃手柄长度为 0，即守方的能量流在攻方物质流、信息流和控制流未完成闭合的情况下，率先到达攻方系统。因此防御方希望防御手柄越长越好，进攻手柄越短越好。

站在攻方角度看，提升"流速"意味着在经过同样时间的情况下，进攻方能量流动对应的长度（进攻方哑铃手柄长度）大于防御方能量流动对应的长度（进攻方哑铃手柄长度），极限情况为防御方哑铃手柄长度为零，即攻方的能量流在守方物质流、信息流和控制流未完成闭合的情况下，率先到达守方系统。因此，攻方希望进攻手柄越长越好，防御手柄越短越好。

（二）导弹作战体系的哑铃模型

按照导弹武器系统功率的推导过程，每个武器系统的对抗过程都可以用哑铃模型进行表征和分析，即攻防双方以 OODA 闭环时间作为争夺焦点。同时，按照"体系是系统之系统"的定义，导弹作战体系的对抗在微观上可以看作组成作战体系的武器系统之间的对抗，即闭环时间的拉锯变成了体系各要素和各系统共同作用的结果。基于这种思想，导弹作战体系的哑铃模型如图 4-2 所示。

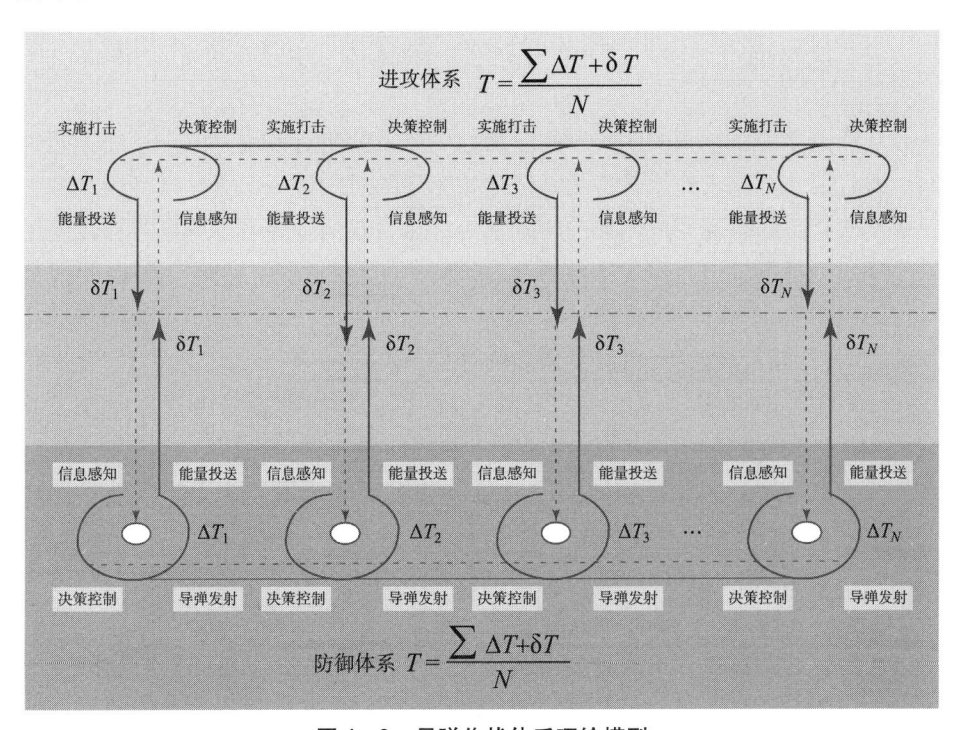

图 4-2 导弹作战体系哑铃模型

从图 4-2 中可看出，导弹作战体系的哑铃模型主要由多个形似哑铃的"节点+连线"组合体并联组成。每个组合体对应在体系中参与攻防对抗的一对系统，如导弹和飞机、干扰机和雷达等。组合体中的节点代表完成系统发现、跟踪、识别、决策、打击和评估等功能的单元，连线代表这些功能单元之间的物质流、信息流、控制流和能量流。

从图 4-2 中可以看出进攻体系和防御体系平面之间的距离为时空差。在攻防平面距离一定的情况下，哪一方能以更快的速度克服时空差，将能量流传递到另一方，哪一方就可以获胜。在非对抗条件下，克服时空差的速度主要取决于各自的 OODA 闭环时间；在对抗条件下，攻防双方除了加速自己闭环外，还会采用多种手段和措施，尽全力迟滞对方从发现到瞄准、从瞄准到决策、从决策到打击等功能单元的每一条连线和每一个流向；同时，还会尽最大限度削弱各功能要素每一个性能参数。因此，当攻防双方都采取一些对抗手段时，胜负除了取决于各自的 OODA 闭环时间外，还与攻防双方对时空的压缩/拉伸程度有关。

若使用数理理论公式定量化描述上述图形化对抗过程，则可以将攻防双方的 OODA 闭环时间定义为固有闭环时间和对抗闭环时间之和。其中，固有闭环时间为各系统固有闭环时间之和的平均值，表征体系的固有能力；对抗闭环时间为各系统对抗闭环时间之和的平均值，表征体系在实际作战中体现出的能力。

从理论上讲，体系的闭环时间应为构成体系的所有系统完成作战任务的时间，即将第一个进入作战状态的系统开始闭环的时刻记为起点，再将最后一个完成作战状态的系统完成闭环的时刻记为终点，取两者之差。获取两者之差还需额外知道各系统进入作战状态的绝对时间，而使用各系统平均闭环时间代替繁琐的时间差作为计算法方法，也能在一定程度上反映出体系完成全部作战任务的时间；同时，这样还可避免繁琐的计算条件。

体系闭环时间可以抽象为四流的"流速"。站在守方角度看，提升"流速"，意味着在经过同样时间的情况下，防御体系能量流动对应的长度（防御方哑铃手柄长度）大于进攻方体系能量流动对应的长度（进攻方哑铃手柄长度），极限情况为进攻方哑铃手柄长度为零，即守方的能量流在攻方物质流、信息流和控制流未完成闭合的情况下，率先到达攻方体系。因此，防御方希望防御手柄越长越好，进攻手柄越短越好。

同理，若站在攻方角度看，提升"流速"，意味着在经过同样时间的情况下，进攻体系能量流动对应的长度（进攻方哑铃手柄长度）大于防御体系能量流动对应的长度（进攻方哑铃手柄长度），极限情况为防御方哑铃手柄长度为零,即攻方的能量流在守方物质流、信息流和控制流未完成闭合的情况下,率先到达守方体系。因此,攻方希望进攻手柄越长越好,防御手柄越短越好。

二、导弹作战体系的弹簧模型

(一) 导弹武器系统的弹簧模型

导弹武器系统哑铃模型中防御(进攻)系统希望防御(进攻)手柄更长,进攻(防御)手柄更短,双方处于此消彼长的对立和统一中,如同一根弹簧和一个滑块组成的简谐振动系统。因此,接下来可以用弹簧模型对哑铃模型进一步抽象。

在简谐振动系统中,弹簧若初始处于压缩态,则其有一个恢复原长的趋势(类似于拉伸),而挂载弹簧上的滑块则起到阻碍弹簧恢复原长的作用(类似于压缩)。弹簧与滑块相互作用的运动状态和规律,与进攻和防御系统对抗过程在本质上具有一致性。因此,利用简谐振动系统方式描述导弹武器系统攻防对抗过程,如图 4-3 所示。

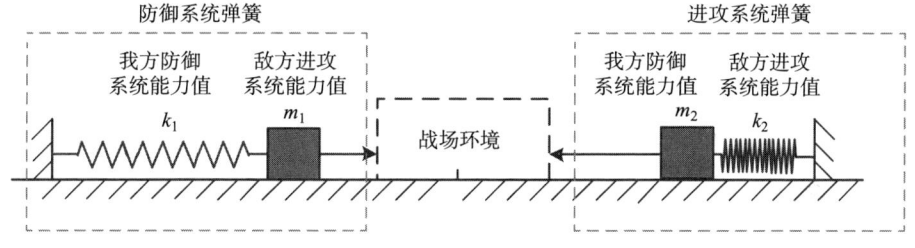

图 4-3 导弹武器系统弹簧模型

弹簧系统的典型运动模式是振动运动,振动运动的核心参数是振动频率,因此振动频率可以表征弹簧系统的固有特征能力。对于导弹武器系统而言,OODA 的作战闭环时间是其攻防转换的周期,也可以用武器系统攻防转换的频率(OODA 周期的倒数)来表征导弹武器系统的固有特征能力。这样就可以通过弹簧系统频率的模型公式来等效转换和计算导弹武器系统的攻防转换周期以及所对应的 OODA 闭环时间。

由弹簧系统振动频率公式可得:

$$\omega = \frac{1}{2\pi}\sqrt{\frac{k}{m}} \propto \sqrt{\frac{k}{m}} \qquad (4.1)$$

式中,ω 为弹簧系统的振动频率;k 为弹簧系统的弹性系数;m 为弹簧系统滑块质量,表示弹簧系统的阻尼。k 值越大,m 值越小,则 ω 值越大,弹簧系统的特征能力就越强。因此,振动频率是弹簧系统能力的本质表征。

(二) 导弹作战体系的弹簧模型

导弹作战体系的弹簧模型与导弹武器系统的弹簧模型类似,主要区别在于体系模型由多根并联的弹簧和滑块构成,这种并联关系反映的是"体系是系统之系统"这一概念,以及在微观层面,体系对抗仍然是我方系统与敌方系统对抗的交集。导弹作战体系弹簧模型如图4-4所示。

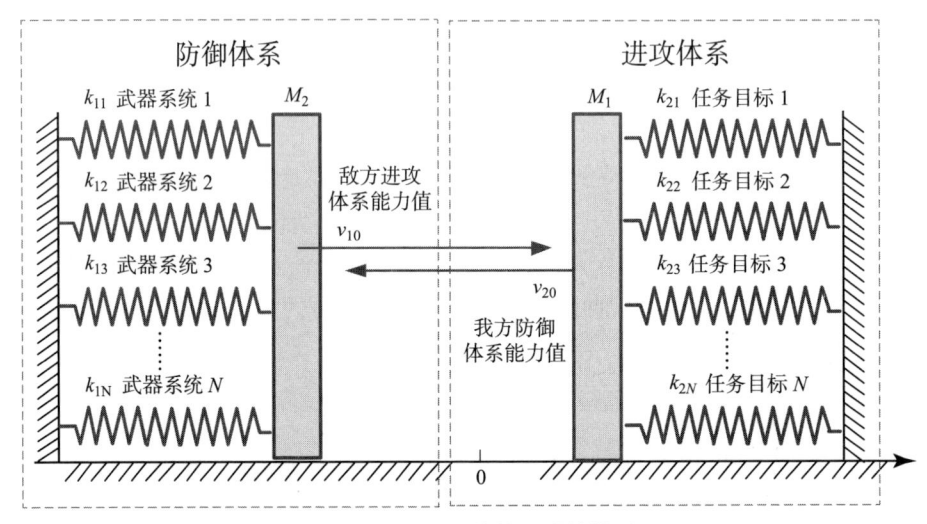

图4-4 导弹作战体系弹簧模型

从图4-4中可以看出,导弹作战体系的弹簧模型与导弹武器系统的弹簧模型类似,主要区别在于体系模型由多根弹簧并联而成,在并联情况下,弹簧模型也可由简谐振动公式得到。根据牛顿第二定律和胡克定律:

$$F = ma = \frac{m\mathrm{d}^2 x}{\mathrm{d}t^2} = -kx, \frac{\mathrm{d}^2 x}{\mathrm{d}t^2} = \frac{-kx}{m}; \quad (4.2)$$

令 $\frac{k}{m} = 1$,代入 $x = \cos t$ 和 $x(t) = \cos\omega_0 t$,

则上式可简化为:

$$\frac{\mathrm{d}^2 x}{\mathrm{d}t^2} = \frac{-kx}{m} = -\omega_0^2 x, 令 w_0^2 = -\frac{k}{m} 则有 \omega_0 = \sqrt{\frac{k}{m}}, \omega_0^2 = \frac{k}{m} \quad (4.3)$$

其中,弹簧的串联公式为:

$$\begin{cases} mg = k_1 x_1 \\ mg = k_2 x_2 \\ x = x_1 + x_2 \\ mg = kx \end{cases} \quad \frac{1}{k} = \frac{1}{k_1} + \frac{1}{k_2} \quad k = \frac{k_1 k_2}{k_1 + k_2} \quad (4.4)$$

$$n \text{ 个相同弹簧串联 } k_{串} = nk \quad (4.5)$$

其中，弹簧的并联的公式为：

$$\begin{cases} mg = k_1 x + k_2 x \\ mg = kx \end{cases} \quad k = k_1 + k_2 \quad (4.6)$$

n 个相同的弹簧并联，得

$$k_{并联} = nk \quad (4.7)$$

在此情况下，公式变为

$$\omega = \frac{1}{2\pi} \sqrt{\frac{\sum_{i=1}^{N} k_i}{m}} \propto \sqrt{\frac{\sum k}{m}} \quad (4.8)$$

其中 $k_i, i = 1,2,3,\cdots,N$，表示构成体系的 N 个系统。

从以上可以看出，体系的对抗性是体系本质特性，其他特性相对于对抗性都处于从属和次要地位。我们从对抗性出发，从弹簧体系的振动特性去模拟和映射导弹攻防体系的对抗博弈，能够体现体系效率的核心要素，能够体现导弹作战体系的核心本质，能够体现影响体系效率的核心关键因素。

三、导弹作战体系的效率模型

（一）导弹作战体系的功率

由弹簧模型理论可知，并联情况下，弹簧固有频率为：

$$\omega = \sqrt{\frac{\sum_{i=1}^{N} k_i}{m}} \quad (4.9)$$

由弹性系数的定义，其物理意义为描述弹簧单位形变量时产生的弹力大小，其数学意义为弹力变量与应变量线性关系的斜率，则：

$$k_i = \frac{\Delta F_i}{\Delta L_i} \quad (4.10)$$

其中，ΔF_i 表示弹簧 i 的弹力变量，ΔL_i 表示弹簧 i 的应变量。而对一个线性系统而言，其斜率是固定的，

$$k_i = \frac{F_i}{L_i} \quad (4.11)$$

根据导弹武器系统弹簧模型，导弹武器系统的综合能力 F_i 可用火力密度 N_i（一个武器系统所携带的导弹数量）来表征；攻防双方交战的范围 L_i 可用导弹的最大射程 S_i 来表征，因此公式可变形为：

$$k_i \approx \frac{N_i}{S_i} \quad (4.12)$$

在典型的弹簧系统中，k_i 表征的是弹性势能的大小，反映的是弹簧系统做功的能力，因此更能够反映弹簧系统弹性特征。根据弹性势能的定义，则：

$$E_{k_i} = \frac{1}{2} k_i S_i^2 \quad (4.13)$$

将式（4.11）代入式（4.12），得

$$E_{k_i} = \frac{1}{2} N_i S_i \propto N_i S_i \quad (4.14)$$

在典型的弹簧系统中，m 代表系统的阻尼，阻尼越大，振动频率越低。对于导弹武器系统，这个阻尼表达系统惯性的本质，系统惯性越大，系统 OODA 的闭环时间就越长，系统的振动频率就越低。据此，可以用系统的 OODA 闭环时间 T 来表征 m。根据第三节的分析可知，可用各个系统平均闭环时间表征体系闭环时间，即有：

$$W = \sqrt{\frac{\sum_{i=1}^{N} k_i}{m}} \propto \sqrt{\frac{\sum_{i=1}^{N} E_{k_i}}{\overline{T}}} \propto \frac{\sum_{i=1}^{N} E_{k_i}}{\overline{T}} \propto \sum \frac{N_i S_i}{\overline{T}} \quad (4.15)$$

其中：

N_i——武器系统 i 的火力密度，表示单次打击的最大目标数；

S_i——导弹武器系统 i 的覆盖能力；

$\overline{T} = \frac{1}{N} \sum T_i$ 是构成体系的武器系统的 OODA 闭环时间的平均值，可用导弹武器系统反应时间 T_0 与导弹飞行时间 T_A 之和进行表征。

（二）导弹作战体系的代价

导弹作战体系是要素按一定架构组成的有机整体。要素的规模和架构的复杂性，决定了导弹作战体系组成的规模和代价。组成体系的要素越多，体系的规模就越大，体系建设的成本也就越大。不同的体系架构，决定了要素之间的相互关系，决定了连接这些要素的网络的复杂性。

体系的架构决定了"四流"流转的快速性、便捷性和效率性。对导弹作战而言，控制流是"四流"的核心。控制流是否快速、便捷和高效，决定了导弹作战体系的效率。在一个典型的体系架构中，影响控制流效率的核心因素是指控命令从顶层抵达各要素的时间长短。而影响指控时间的关键因素是指挥的层级，指挥层级越多，则指控时间越长，体系的效率也就越低，反之亦然。因为指挥的层级往往与体系架构的层级是相同的，所以体系架构的层级的多少，不仅决定了导弹作战体系的效率，还决定了体系网络的规模，从而决定了导弹作战体系的复杂性和建设成本的多少。

综上所述，导弹作战体系的要素的多少体现了体系的规模成本，导弹作战体系的层级的多少体现了体系的时间成本。因此，我们可以用要素的规模和体系架构的层级，来综合反映导弹作战体系的代价。

根据数学中的乘法原理，做一件事如果有多个步骤，完成每个步骤存在多种方法，则完成整件事总的方法数的理论最大值是各个步骤可行方法的乘积。若将导弹作战体系实现代价评估作为一个事件，则导弹作战体系层与层之间的关系也有这种先后顺序关系，即命令由上层下达，由下层执行。因此整个代价可用层级数量 H 与要素数量 D 的乘积表示，于是将导弹作战体系的代价表征为 $H \times D$。

（三）导弹作战体系的效率

导弹作战体系的效率通常表示体系在单位代价下，实现某一功能的能力。导弹作战体系的功率代表了导弹体系在对抗条件下的作战能力，与导弹作战体系的最终效能正相关，导弹作战体系的代价表征的是为了实现上述作战能力必需的付出，该数值与作战体系效能负相关。除法是能够表征上述正相关和负相关关系的最简单的表达形式，因此采用除法表征导弹作战体系的效率：

$$E = \frac{\sum \frac{NS}{T}}{H \times D} = \frac{W}{H \times D} \tag{4.16}$$

从物理意义上看，W 代表构成导弹作战体系的所有武器系统的功率之和，$H \times D$ 代表达到这一功率所需付出的代价。根据效率概念的核心内涵，两者相除即为导弹作战体系的效率。该公式表征的是导弹作战体系单一要素、单层架构能够完成作战任务的单位能力。提升导弹作战体系效率主要有两种途径，一是提升导弹作战体系功率，即提升各系统功率；二是减少导弹作战体系实现代价，即减少要素规模和架构层级。

从 E 的量纲分析，由于 $W = \sum \frac{N_i S_i}{T}$ 是速度的量纲，H 和 D 都是无量纲数，因此整个公式表征的是体系攻防转换的速度，即敏捷性，攻防转换速度越快，闭环周期越短，体系就越敏捷，而作战能力也就越强。

导弹作战体系效率模型是在体系的众多属性中，聚焦于敏捷性的核心属性所得出的。而对敏捷性诸多功能和能力的取舍，取决于我们对体系本质的认知和提炼，取决于体系效率这一体系本质对其他属性和功能能力的决定性作用上。比如导弹作战体系一般具有开放性，即要求体系具有随遇接入、即插即用的动态接入和退出机制。那么体系效率模型是如何体现体系开放性的呢？实际上，任何开放性体现所能够容纳的体系要素都是有限定的，超出一定限度的要素体系将被阻塞，低于一定限度的要素体系将丧失能力。在体系效率模型中所考虑的要素的规模，是按照体系可以容纳的最大体系要素数量取值的，因此，体系效率模型一定程度上考虑和兼顾了体系开放性属性的要求。再如，体系还具有强弹性的特点，没有弹性的作战体系是没有战斗力的体系，那么体系效率模型又是如何体现体系弹性属性的呢？实际上，任何体系的弹性主要是由体系的架构所决定的，传统的树状体系架构具有多层的体系节点和传递链条，任意节点和链条被击毁和阻断，体系的弹性能力都将受到损毁；而网络化的体系架构是去中心化的扁平的体系架构，通向任意体系要素的链路可以存在多种组合，任意体系要素或体系链路被阻断，总会找到替代的要素和迂回的链路。因此，导弹作战体系采用何种体系架构决定了体系所决定的弹性能力，而体系架构本质表征就是体系的层级。体系层级正是体系效率模型核心参数。

同理，体系的其他属性和其他能力都可以找到与体系效率模型之间的关联关系。这也正是体系效率模型反映体系本质的规律和机理。另外，还需要强调的是，在考虑导弹作战体系的属性中，是把体系视为简单巨系统的，并没有将导弹作战体系视为复杂系统，因此也就没有考虑复杂系统所具有的非线性、涌现性等系统特性。这其中的道理和理由在前面章节中已作过系统的阐述，此处不再赘述。

第三节 导弹作战体系的控制论表征

本节从空空作战体系出发，以目前空空作战体系的层级结构为基础，借鉴控制理论中用传递函数来研究系统结构或参数变化对系统性能影响的思路，建立空空作战体系中的物理参数与传递函数中相关参数的等效关系，利用传递函数的概念，推导空空作战体系效率表达式。

一、传递函数理论简介

（一）传递函数概念

在控制理论中，传递函数不仅可以表示系统的动态性能，而且可以用来研究系统的结构或参数变化对系统性能的影响。对于线性定常系统来说，其传递函数的定义为，零初始条件下，系统输出量的拉普拉斯变化与输入量的拉普拉斯变化之比。图 4-5 是一个典型的控制系统结构。

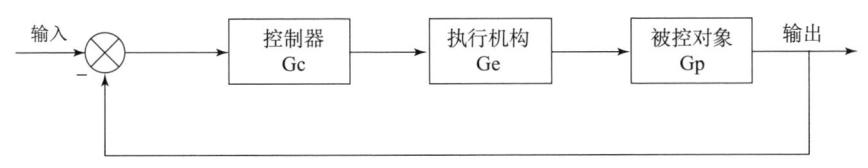

图 4-5 典型的控制系统结构

其传递函数的一般形式为：

$$G(s) = \frac{C(s)}{U(s)} = \frac{K\prod\limits_{i=1}^{m}(s - z_i)}{\prod\limits_{i=1}^{n}(s - s_i)} \quad (4.17)$$

其中 z_i 表示系统的零点，s_i 表示系统的极点。根据控制理论原理，传递函数中的极点决定系统的响应类型，会形成系统自由运动的模态；零点不形成自由运动的模态，但会影响各模态在响应中所占比例，从而影响响应曲线的形状。系统的极点直接决定响应类型。此外，对于高阶系统来说，距虚轴最近的闭环极点所对应的响应分量，随时间的推移衰减最慢，在系统的时间响应中起主导作用，这种闭环极点即为系统的闭环主导极点，在系统的闭环零点不在主导极点附近时，可忽略非主导极点和零点的作用，因此对传递函数的一般形式进行简化，得：

$$G(s) = \frac{C(s)}{U(s)} \approx \frac{K}{(T_1 s + 1)(T_2 s + 1)\cdots(T_n s + 1)} \quad (4.18)$$

上式忽略了零点对系统响应曲线的影响，并对分母中的各乘积项作了相应变换，采用时间常数的形式来表达，由此来看，系统传递函数可看作一系列惯性环节的乘积。

（二）传递函数意义

控制理论中通常用传递函数来分析系统结构和参数变化对其动态特性的影响，其中选用的指标有响应速度，超调量等。在随动控制系统中，考核系统好坏的一个重要指标就是系统输出对输入的跟随能力。显然，系统响应速度越快，其输出越容易跟随输入，即跟随效率越高。

对于随动控制系统，系统时间常数的大小能够直接反映一个其响应速度的快慢，时间常数越大，表明系统的惯性越强，其响应速度越慢；系统增益的高低是影响其响应速度快慢的另一个重要因素，在维持系统稳定的情况下，增大系统增益，将提高其响应速度；另外从极点个数的角度来说，系统每增加一个极点，其响应速度将会变慢，这相当于间接增大系统总的时间常数。因此影响随动系统响应速度的因素可以归纳为时间常数、增益、极点个数这三个主要指标，在这些指标与系统的跟随效率之间建立起了联系，如图4-6所示。

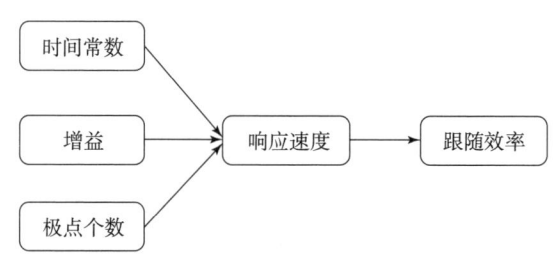

图4-6 决定随动系统跟随效率因素

二、作战体系效率表达式

前一部分简要介绍了控制理论中传递函数在分析系统性能时的作用，重点分析了衡量随动控制系统跟随效率的指标（即响应速度），梳理并总结了影响该指标的一些因素（时间常数、增益、极点个数）。

这一部分基于随动控制系统用传递函数分析系统跟随效率的理念，进行导弹作战体系效率公式的具体推导过程。按照目前形成的空空作战体系来看，这是一个典型的树状拓扑结构，自顶向下共分为五个层级，即战区级、战役级、编队级、平台级和武器级，具体形式如图4-7所示。很明显，树状拓扑结构是现有空空作战体系的典型特征。

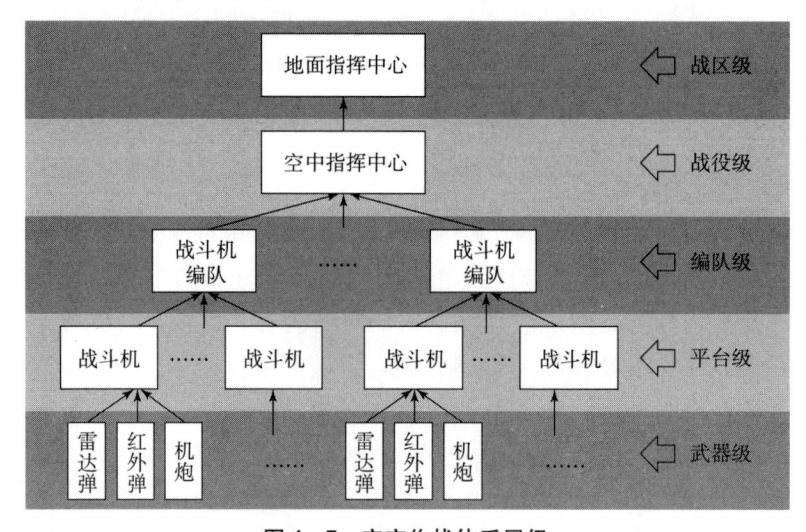

图4-7 空空作战体系层级

在计算控制系统的传递函数时，首先需要建立控制系统的结构框图，然后进行系统传递函数的推导过程。基于此，将上面的空空作战体系层级结构图进行简化抽象，试图得到类似控制系统结构图的形式，即如图4-8所示的空空导弹作战体系结构。该结构图是对树状图的进一步简化，主要体现"信息流"在空空作战体系中流动方式，即信息流通过层层传递的方式，使组成体系的所有要素之间建立起了联系，从控制理论角度来看，这是一个典型的串级结构。

图4-8 空空作战体系结构

该作战体系结构图由预警探测、指挥控制、空中火力打击、空中打击对象四部分构成。其中预警探测部分包括地面、空中各类传感器，指挥控制包含地面指挥中心和空中指挥中心，火力打击包含载机机动站位和发射空空导弹，打击对象是指一次任务中要打击的敌空中目标。

图4-8中的虚线框部分直接反映该作战体系能力的高低。根据控制理论中求解系统传递函数的规则，对于串级结构其等效传递函数等于串联各部分传递函数的乘积，因此该体系的传递函数为：

$$G(s) = G_1 \times G_2 \times G_3 \times G_p \tag{4.19}$$

控制理论中最基本的传递函数形式为一阶惯性环节，很多形式复杂的子系统可以看作是一系列一阶惯性环节相乘的结果。描述惯性环节常用的指标就是时间常数，惯性时间常数越大，响应速度越慢，导致系统最终过渡过程变长；描述执行机构常用的指标是可调范围和数量，可用的执行机构数量越多，调节范围越广，其产生的控制力就越强。

同样地，在空空作战体系中的一些子系统，如预警探测、指挥控制等，从传递函数的角度看，与控制理论中的惯性环节和执行机构十分相似，即导弹作战体系中预警探测和指挥控制部分相当于控制系统中常见的惯性环节；空中火力打击部分相当于控制系统中的执行机构。因此在空空作战体系中，预警探测和指挥控制部分就可用惯性环节来等效，空中火力打击可用执行结构来等效，其等效形式如下：

$$G_1 = \frac{A}{(T_1 s + 1)\cdots(T_n s + 1)} \tag{4.20}$$

$$G_2 = \frac{B}{(T_1 s + 1)\cdots(T_m s + 1)} \tag{4.21}$$

$$G_3 = \frac{N \times C}{(T_1s + 1)\cdots(T_qs + 1)} \qquad (4.22)$$

由此可得到空空作战体系的传递函数为：

$$\begin{aligned}G(s) &= \frac{A}{(T_1s + 1)\cdots(T_ns + 1)} \times \frac{B}{(T_is + 1)\cdots(T_ms + 1)} \times \\ &\quad \frac{N \times C}{(T_js + 1)\cdots(T_qs + 1)} \times G_p \\ &= \frac{A \times B \times N \times C}{(T_1s + 1)\cdots(T_Ms + 1)} \times G_p \end{aligned} \qquad (4.23)$$

上式结构看似仍有些复杂，在不影响最终结果的情况下，考虑作一些近似。实际中 G_1 和 G_2 分子部分的乘积 $A \times B$ 相对比于 G_3 的分子 $N \times C$ 要小得多，因此 $N \times C$ 会对系统的性能起主要作用，$A \times B$ 的作用可忽略。对于分母部分，从形式上看，M 个时间常数共同作用形成了系统整体等效时间常数，这个等效时间常数可用一个平均时间常数 T_{ave} 与 M 的乘积来表示，M 则表示整个系统的阶数，即一阶惯性环节的个数。打击对象 G_p 是动态变化的，不属于系统的固有属性，因此上式可近似为：

$$G(s) \approx \frac{N \times C}{T_{ave} \times M} \qquad (4.24)$$

通常来说，预警探测和指挥控制部分相对复杂，应该是由一系列一阶惯性环节的乘积构成，从而形成系统的阶数。由于整个系统是由一些子系统经串联组成（即上一级的输出作为下一级的输入），构成了一种串联的系统结构，这些子系统的个数可视为系统拥有的层级数量；而每一个子系统又相对复杂，由许多一阶惯性环节构成；因此影响系统阶数的因素有系统本身所拥有的层级数，以及每一层级中包含的一阶惯性环节个数，即系统的层级越多，每层所包含一阶惯性数量越多，最终整体的阶数越高，所以系统阶数 M 与其自身的层级和每层包含的惯性数量近似存在正比关系，即 $M = W \times L$，其中 W 是系统层级，L 是每层包含的惯性数量。基于此，可以得到系统最终的传递函数形式

$$G(s) \approx \frac{N \times C}{T_{ave} \times W \times L} \qquad (4.25)$$

从传递函数的定义不难看出，它是系统输出与输入的比值，尤其对于随动控制系统来说，其传递函数的实际意义与物理学中效率的概念有着高度的相似性，由此考虑使用随动系统传递函数的概念来表征一个作战体系的效率也是较为合理的。

由此可见，对于一个空空作战体系来说，它是由预警探测、指挥控制、空中火力打击等一系列系统经串联构成的。因此，上述推导出的传递函数可推广

用于表示空空导弹作战体系效率,即

$$\eta = \frac{N \times S}{T_{ave} \times W \times L} = \frac{\frac{N \times S}{T}}{W \times L} \tag{4.26}$$

式中,$\frac{N \times S}{T}$ 表示导弹系统功率;W 是导弹作战体系结构层级;L 是每一个层级中所需要的武器装备数量。这里的 L 只表示平均单一层级中包含的武器装备数量,W 和 L 的乘积表示整个作战体系的武器装备数量,这一点与最初的公式在参数意义上虽然稍微有点出入,但物理意义和本质是相通的。

将 W 和 L 分别用 H 和 D 替换,从不同的原理和方法出发进行推导,都可以得到导弹作战体系统一的表达式。体系效率按传递函数等效的理论框图如图 4-9 所示。

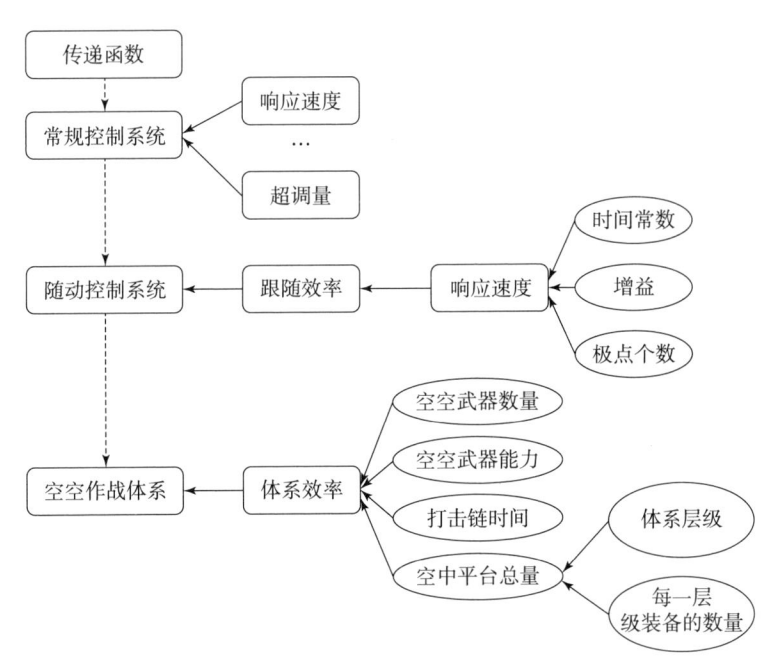

图 4-9 体系效率按传递函数等效的理论框图

第四节 从电力体系看导弹作战体系效率

如第三章所述,导弹作战体系包含人、装、敌、环四个要素。在某一作战背景下,各要素以观察、定位、决策、行动相互联系,构成一完整的闭合链路。

无独有偶，电力体系是由发电系统、输/变电系统、配电系统、用电系统四部分组成，自电能产生至用户使用，历经发电、变电、输电、配电、用电等关键环节，构成电力体系的整体功能。

从电力体系广义概念及其功能定位可知，由电力体系中发电系统、输/变电系统、配电系统、用电系统等典型系统所构建的"发电—输电—变电—配电—用电"工业活动流程与导弹作战体系有着异曲同工之处，也是OODA作战循环在另一层面上的生动展现，如图4-10所示。

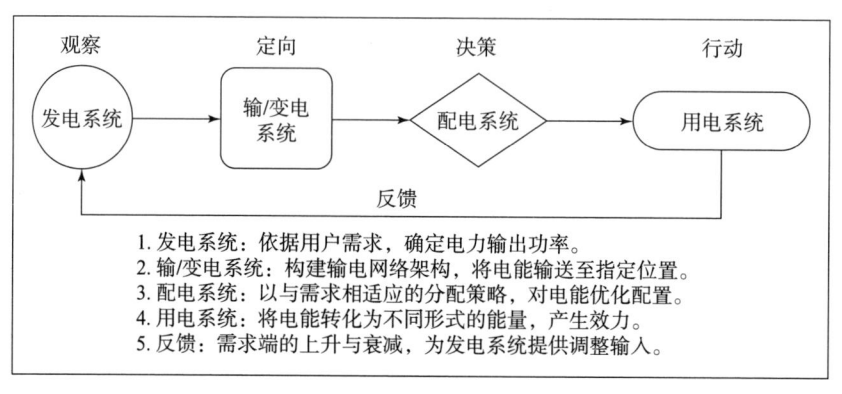

图4-10　电力体系OODA循环展示

一、电力体系理论简介

（一）电力体系的发展历程

电力系统作为支撑国民经济发展的重要载体，其100多年的发展历程，具有相当明显的时代特征。国内电力行业相关学者结合时代背景，尝试性将电力体系的发展历程概括为三个阶段，对我们具有一定借鉴意义。

20世纪上半叶是电网发展的兴起阶段，该阶段的电网属于第一代电网，主要特征是小机组、低电压、小电网。该阶段兴于19世纪中叶，伴随物理学中电磁现象的科学发现和技术发明，以及工业化升级对能源动力的强烈需求而兴起。

20世纪下半叶电网进入规模化发展阶段。该阶段的电网属于第二代电网，主要特征是大机组、超高电压、互联电网。该阶段兴于第二次世界大战后，当时全球经济快速复苏，规模化工业生产对能源电力有巨大需求，化石能源相对廉价。

21世纪初，电网开始步入可持续发展和智能化模式，该阶段的电网属于第三代电网,以非化石能源发电占较大份额和智能化为主要特征。由于新能源革命在世界范围内悄然兴起,世界各国能源和电力的发展都面临空前的应对和转型挑战。

(二) 电力体系的效能浅析

电力行业相关专家通过对电力体系效率的研究,将影响电力体系效率的因素归结为经济、技术、安全、管理等方面,各方面之间相互联系、相互影响,最终共同作用于电力体系。

发电系统主要作用是将其他形式能源转化为电能。虽然近年水电、风电和核电有了一定发展,但以化石能源为原料的火力发电仍占较大比重。以火电为例,火力发电系统主要由燃烧系统(以锅炉为核心)、汽水系统(主要由各类泵、给水加热器、凝汽器、管道、水冷壁等组成)、电气系统(以汽轮发电机、主变压器等为主)、控制系统等组成。系统效率损失指标涉及有发电量、发电标准煤耗率、厂用电率、故障率等量化指标和管理水平、科研水平、发展潜力等非量化指标。

输/变电系统主要是在将电能传递的同时升降电压,以降低电能损耗。交流输/变电系统主要由变压器、输电线路、开关设备(断路器、隔离开关)、电压互感器、电流互感器、母线等,应用较为成熟,输送环节的效率损失主要是由于电流、线路电阻等导致长距离下热能损失。类似地,变电环节则由于变压站自身器件的电阻值影响造成的热能损耗,也包括一定的磁滞和涡流等引起的损耗。相较于交流输电系统,直流输电系统的核心设备是换流站,它的作用是完成交流和直流之间的变换。

配电系统主要作用是实现对电力资源的有效调配。当前各国以自动化技术为基础,综合传感、通信、计算机等技术优势,在以继电器为主的传统配电系统基础上,建立智能配电系统,实现对电能的实时监测、优化与保护。但是,现有配网架构模式复杂,分路繁多,损耗分为技术性损耗和非技术性损耗。技术性损耗是配电设备运行时产生热量和噪声造成的损耗,是与输电损耗相同的必然损耗;非技术性损耗是管理策略、误操作或窃电未被记录造成的损耗,可以通过优化监测手段、提高管理水平而做出改善。

按照产权划分,用电系统主要包括多用户终端(大型商场、小区等)和用户专有(企业、机关单位等),具体有电力机械设备、电加热设备、电焊机、直流用电设备及直流电源、制冷与空气调节、电力牵引、电气照明等。各用户终端在用电过程中,均存在不同程度的用电余热。另外,由于终端设备老化现象突出,维修通常不及时,也导致了用电效率的降低。

（三）电力体系传输理论

1. 高压输电传输过程

由焦耳定律可知，长距离下电能输送损失主要受电流、线路电阻等因素影响；同时，经大量理论分析与实际工程应用实践证实，在功率不变条件下增加输送电压是降低电能损耗的有效方式。因此，我们以输电电压的发展为主要思路，对输电技术的发展历程开展论述分析，主要概括为高压、超高压和特高压阶段。

对国内外电力体系的分析可知，无论输送方式如何变化，均可以输电起点、输电线路、输电末端形成电能的输送全过程。在长距离高压输电的工程应用中，输电工作流程包括发电、变电、输电、配电和用电，其输送示意如图 4 - 11 所示。

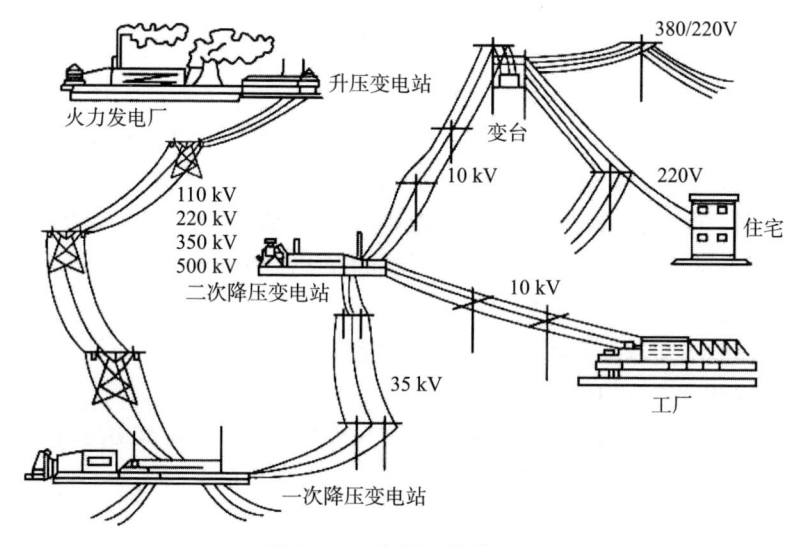

图 4 - 11 高压电输送示意

1）发电

发电厂是电力体系的中心环节，它的作用是把其他形式能源的能量转换成电能。发电厂的种类很多，主要有火力发电厂、水力发电厂、核能发电厂、风力发电厂、太阳能发电厂等。

2）变电

变电指升压和降压过程。通常必须先升高发电机发出电压，再输送电流。同理，当高压电输送到用户附近后，先进行第一次降压，再分配到各用电端。

3)输电

借助电力线路,将电能由发电厂输送给用户。为了减少输电过程中的能量损失,一般输电的距离越长,输送容量越大,要求输电电压升得越高。

4)配电

从输电网或地区发电厂接收电能,通过配电设施进行就地分配或按电压逐级分配给各类用户。

5)用电

经上述用电过程后,相适用的电压已经被输送至工厂、商场、住宅等用电末端。

2. 高压输电损耗计算

对高压电输送过程进行分析,考虑理想条件下,单位时间内电网的总损耗即为变压器和线路损耗功率之和。

(1)高压电输送过程损耗理论。

长距离高压输电原理是通过两地间架设的输送线缆作为电子运动的输送媒介,即形成电流。而由于输送线缆自身具有电阻值,电流在通过线缆时,一部分电能通过热能的形式损耗,从而降低了输电效率。

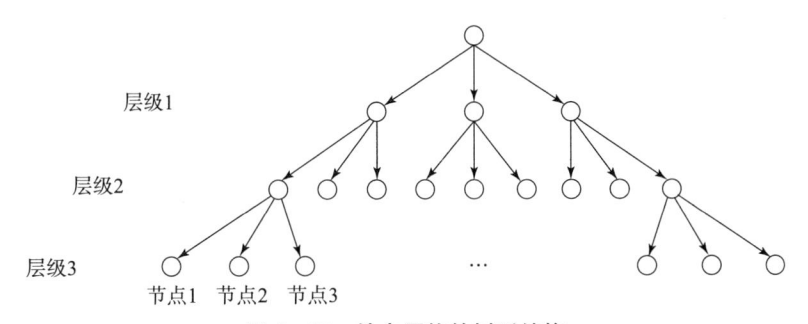

可将含有发电站、变压站、用电端以及输送线路的常规电网简化为具有 W 层级的树形结构,在理想条件下,每个层级均具有 L 个节点,如图 4-12 所示。

图 4-12 输电网络的树形结构

由焦耳定律可知,假设电流恒定不变,由 i 层级第 j 段线缆电阻导致的损耗功率为:

$$P_{l-\text{loss}_{ij}} = I_{ij}^2 r_{ij} \tag{4.27}$$

式中:

$P_{l-\text{loss}_{ij}}$ ——i 层级第 j 段线缆输电损耗功率;

I_{ij} ——i 层级第 j 段线缆输送电流;

r_{ij} ——i 层级第 j 段线缆电阻。

总损耗功率为：

$$P_{l\text{-loss}} = \sum_{i=1}^{W}\sum_{j=1}^{L} P_{l\text{-loss}_{ij}} = \sum_{i=1}^{W}\sum_{j=1}^{L} I_{ij}^2 r_{ij} \tag{4.28}$$

若假定一个广义节点，包含网络中所有联络支路，则可认为电源注入电流经过网络由所有支路流出。同时，在理想条件下，假设各段线缆流经电流、电阻值相同，则：

$$P_{l\text{-loss}} = WL \cdot I_{\text{ave}}^2 r_{\text{ave}} \tag{4.29}$$

（2）高压电输送节点损耗理论。

根据高压电输送过程分析，其关键输送节点主要包括由发电厂、升压变电站、一次降压变电站、二次降压变电站、变台、工厂或住宅等。根据实际工程应用经验或生活经验可知，电流在经各个节点传输过程中，或多或少都会产生一定的电能损耗，可表达为：

$$P_{p\text{-loss}} = \sum_{i=1}^{W}\sum_{j=1}^{L} P_{p\text{-loss}_{ij}} = \sum_{i=1}^{W}\sum_{j=1}^{L} I_{ij}^2 R_{ij} \tag{4.30}$$

$$P_{p\text{-loss}} = WL \cdot I_{\text{ave}}^2 R_{\text{ave}} \tag{4.31}$$

式中：

$P_{p\text{-loss}_{ij}}$ ——i 层级第 j 段输电节点损耗功率；

I_{ij} ——i 层级第 j 段输电节点电流；

R_{ij} ——i 层级第 j 段输电节点电阻。

（3）高压电输送流程损耗理论。

经过整理可知，理想状态下，电路输送总过程损耗为线路损耗与变压节点损耗之和，即：

$$P_{\text{loss}} = P_{l\text{-loss}} + P_{p\text{-loss}} = WL \cdot I_{\text{ave}}^2 (r_{\text{ave}} + R_{\text{ave}}) \tag{4.32}$$

有效功率因数即为式：

$$\eta = \frac{P - P_{\text{loss}}}{P} = 1 - \frac{WL \cdot I_{\text{ave}}^2 (r_{\text{ave}} + R_{\text{ave}})}{P} \tag{4.33}$$

基于上式，通过移项，归纳得到总功率和层级与节点数的关系，即单节点承载功率量 ψ_e 为：

$$\frac{I_{\text{ave}}^2 (r_{\text{ave}} + R_{\text{ave}})}{1-\eta} = \frac{P'_{\text{loss}}}{1-\eta} = \frac{P}{WL} = \psi_e \tag{4.34}$$

若在上式中两侧引入时间变量，则可得到以热能为主参数的关系公式：

$$\psi_e = \frac{Q/T}{WL} \tag{4.35}$$

二、海基反导作战体系效率验证

（一）基于 NIFC – CA 构想的防空反导体系概述

起始于 2002 年美海军发布的《21 世纪海上力量》所述的"海上盾牌"作战力量构想，美军提出了"海军一体化火力控制 – 制空"（NIFC – CA）的发展构想，其内涵是将新的传感器、先进的数据网络、中远程防空反导武器集成为一体，实施超视距防空反导作战。NIFC – CA 主要由航空母舰、"宙斯盾"巡洋舰和驱逐舰、E – 2D 预警机、标准 – 6 舰空导弹、F – 35C 舰载机等组成，通过指挥控制权在各个作战单元间的灵活传递，实现不同的协同作战模式。

当舰艇航行于广袤海洋中，受地球曲率影响，难以探知掠海来袭导弹，同时自身预警探测能力也会影响拦截时间。在超视距防空反导作战的典型作战场景中，于"罗斯福"航母战斗群部署 NIFC – CA，由航母编队指挥官指挥、协调各作战单元（包括作战人员与作战装备）执行作战任务。E – 2D 预警机升空承担对空探测跟踪与识别、数据中继和支持海空作战平台提供目指信息，通过发挥其先进的远距探测优势，为"宙斯盾"舰艇提供必要信息支持，以便标准 – 6 舰空导弹获取火控精度数据，在"宙斯盾"舰艇未探知敌袭目标的情况下，提前发射导弹执行反导作战任务。另外，美海军还计划运用 F – 35C 舰载机取代 E – 2D 预警机作为中继节点和传感器平台的部分功能，实现空中平台"察打一体"，使 NIFC – CA 感知范围向敌前拓展。

（二）基于高压电输送流程损耗理论的作战指挥效率评估方法

在美海军的反导作战流程中，首先通过预警机和先进的制空战斗机提前感知一定距离以外的掠海飞行反舰导弹，并且引导战斗机使用空空导弹实施拦截；采用中远程舰空导弹进行远程超视距拦截；其次通过各种反导电子战装备，形成极其复杂的电磁信号环境，干扰来袭导弹的导引头；最后使用近程舰空导弹和舰载火炮武器系统进行拦截。其基本作战流程和反导作战过程如图 4 – 13 和图 4 – 14 所示。

对于美海军反导作战流程而言，其指挥层级也可以参考电力体系，采用树形结构图表征各层级关系，如图 4 – 15 所示。

因此，可向作战指挥效率推广。以 Q/T 表征导弹系统功率，D 是导弹作战系统结构层级，H 是每一个层级中所需要武器装备数量，其中，可对热能 Q 作进一步拆分处理，可由导弹系统中导弹作战单位的火力密度 N 和导弹打击的作用范围 S 的乘积表示导弹打击效能。

则在导弹系统中的单武器平台承载功率为：

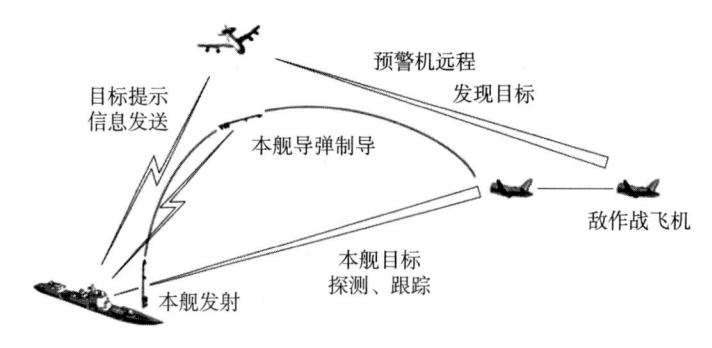

图 4-13 基本作战流程

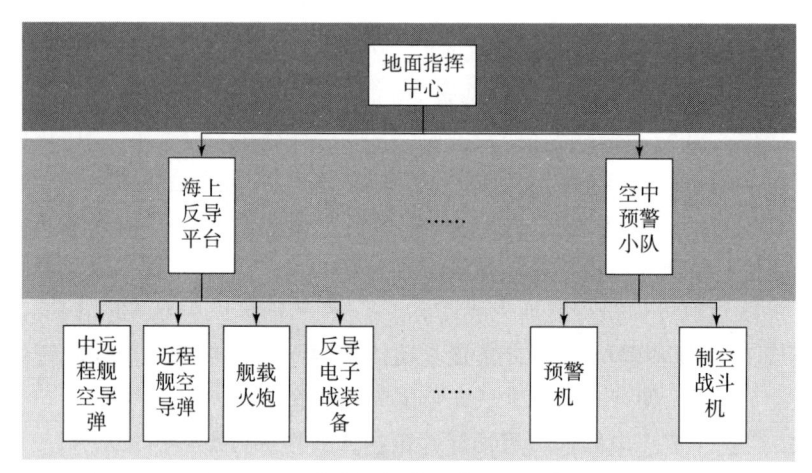

图 4-14 美海军舰载导弹反导作战流程

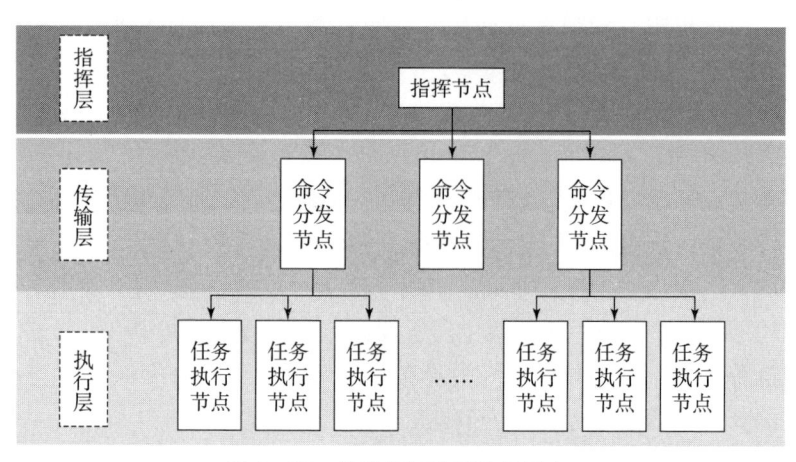

图 4-15 作战指挥关系结构示意

$$E = \frac{NS/T}{HD} \tag{4.36}$$

第五节　导弹作战体系表征的意义和作用

导弹作战体系的表征揭示了导弹作战体系的本质，通过简明的表达式，说明了导弹作战体系的本质是效率，可对导弹作战体系的理解、认识、建设、运用方面起到理论指导作用。其在工程实践中具有广泛的使用价值，而且可以预判未来导弹作战体系的发展方向和趋势。

一、表征作用

表征作用是体系效率模型最直接、最明显的作用之一。体系效率模型就像一把标尺，为定量化评估各类导弹作战体系效能提供了一个统一可行、客观公正、操作方便、简而不凡的方法。

体系效率公式仅使用由三个关键参数构成的简单模型，就实现了对导弹作战体系核心能力的评估。一型导弹武器系统拥有上百个参数，由武器系统构成的体系的参数则更多，体系效率公式基于对导弹体系作战过程时空本质的剖析，最终确定了使用体系功率、体系层数、要素数量这三个参量表征体系，使复杂的导弹作战体系更加清晰明了，更容易进行定量分析，比运用单一指标表征整体能力更具有概括性和准确性。

利用体系效率公式，可以对同一类导弹作战体系进行横向分析、纵向对比，也可以实现不同类型导弹作战体系的跨界评估。

（1）横向分析，即对比同一代际不同国家、不同地区、不同军事集团的导弹作战体系。通过这种对比，可以比较体系能力的高低，分析产生体系能力差别的原因，洞察产生这种差别的政策和策略性因素，从而总结出一个国家导弹作战体系发展的途径。

（2）纵向对比，即研究同一个国家不同代际的导弹作战体系的体系效率。通过这种对比，可以分析得出是哪些技术和因素、是哪些体系要素和架构，使得导弹作战体系实现代的跃升，从中可以判断一个国家导弹作战体系发展的基本脉络、基本途径和主要出发点、着眼点。

（3）跨界评估，即对比不同性质的导弹武器系统构成的导弹作战体系的效能。通过这种对比，可以分析出不同导弹武器系统在导弹作战体系中效率贡献率，可以对导弹作战体系之间进行横向对比和纵向对比，可以对联合作战指挥和联合火力打击的作战体系实施量化的评估、构建和运用。

二、发展作用

在体系发展上，应以提高体系效率为核心，确定发展方向和发展重点。

（1）体系效率可以指引导弹作战体系发展方向。提高体系要素的系统功率是发展方向，要素的升级换代可以正相关地提升体系效率。减少体系的层级是发展方向，尽可能地采用扁平化体系架构，减少层级，缩短指挥的链路，可以提升体系效率。减少体系要素的规模是发展方向，体系要素要少而精，要精干而有效，要素之间的关系要简洁和明了，要素之间要相互赋能，可以提升体系效率。

（2）体系效率可以明确导弹作战体系的发展重点。在凝聚力、协同力、弹性力、覆盖力、敏捷力等作战能力中，敏捷力是重点。在体系功率、要素规模和体系层级三大要素中，体系架构是重点。在体系的OODA闭环中，指挥决策才是重点。在体系的整体架构中，构建标准化、模块化的"体系滑板"是重点。

三、构建作用

在体系构建中，应着眼于提高导弹作战体系的体系效率上，即形成四个"坚持"。

（1）坚持以任务为导向构建，瞄准赋予的作战任务，构建规模适度、要素完整、架构简明的导弹作战体系。

（2）坚持以对手为核心构建，针对不同的敌人、不同的打击体系、不同的作战目标，构建为对手量身定制的导弹作战体系。

（3）坚持以战场为关键构建，因地制宜地适应不同的战场环境，因敌制宜地适应对抗博弈的环境，构建环境适应性强的导弹作战体系。

（4）坚持以现有装备要素模块为基础构建，把现有装备模块用足、用好，立足现有装备打胜仗。

四、运用作用

导弹作战体系表征可以运用在以下四方面。

（1）运用在体系的筹划规划中。任何一个导弹作战体系没有绝对的好坏标准，都是相对于敌方的导弹作战体系的比较而存在的。对于导弹作战运用的筹划和规划而言，有两个必须把握的准则和要求：一个是最大限度地发挥己方作战体系的体系效率及其潜能，在运用的方式、时机、强度、战法等方面，使其能够符合导弹作战体系所固有的素质和规律；另一个是最大限度地抑制敌方作战体系的体系效率及其潜能，通过体系破袭、压制、欺骗、干扰等手段，降低敌方导弹作战体系的体系功率，破坏敌方导弹作战体系的网络化架构，毁瘫敌方作战体系的关键节点，使其体系功率下降，使己方导弹体系效率与敌方体系效率形成效率差。

（2）运用在体系的扬长避短中。导弹作战体系五种作战能力（凝聚力、协同力、弹性力、覆盖力、敏捷力）如同一个人的五个手指头，有长有短、参差不齐。在作战运用中要善于发挥长板效应，利用体系的长板提高能力，有效发挥体系的效率。在导弹作战运用中要善于发挥体系的比较优势，如体系功率的比较优势，或者是体系要素少、体系架构优的优势，有效发挥体系的效率。在作战运用中要善于利用长板弥补短板，要善于利用优势要素弥补劣势要素，有效发挥体系的整体效率。

（3）运用在体系的克敌制胜中。未来战争是体系与体系的对抗，要深入研究敌方导弹作战体系的"七寸"，瞄准短板实施博弈和对抗，就会降低己方导弹作战体系所付出的代价，就会提高作战效能和体系效率。

（4）运用在体系的灵活弹性中。利用体系的接入和退出的开放性，灵活地补充和替换不同的作战要素，实现体系作战使命任务的灵活拓展，从而通过体系架构的灵变和重组来增强体系在强对抗环境下的生存能力和提高体系的作战弹性。

第五章

防空导弹作战体系效率的运用

防空导弹作战的目标是来自空域的各类威胁，一般包括各种气动力飞机或导弹，在广义上也包括弹道导弹。防空导弹按作战使命通常可分为国土防空导弹、野战防空导弹、要地防空导弹和舰艇防空导弹。

我们将研究的内容聚焦于防空导弹作战体系效率的运用分析中，将导弹作战体系效率公式应用于美陆上防空作战体系、美海上编队防空作战体系、俄陆上防空作战体系，根据武器系统和作战体系的战技指标，计算得出体系效率，在代际和国别间进行对比分析，验证体系效率模型和公式的正确性和合理性，寻找造成效率高低差异的原因，并提出发展建议。

第一节 美陆上防空作战体系运用分析

空天袭击是现代战争的重要形式，防空反导导弹以拦截作战飞机、巡航导弹和弹道导弹等各类空天威胁为首要任务，兼具威慑与实战双重使命，是各国保卫国土领空安全、抵御敌方空中打击、支撑取得空中优势的关键作战要素。美国经过几十年的发展，已经具备了从多种平台发射，针对多种空域目标的体系作战能力。研究第一代、第二代陆上防空作战体系，可以检验体系效率公式在实际中的运用效果。

一、第一代防空作战体系

美第一代防空作战体系主要包括两种典型的防空导弹武器系统。一是"爱国者"地空导弹武器系统（PAC-2，以下简称"爱国者"），以防御空气动力目标为主要使命，兼顾一定的末端反近程弹道导弹能力；二是"萨德"末段高层区域防御系统。

美第一代防空作战体系的作战要素通常组成相对独立，彼此地位平等；不同系统按照作战需求，分散部署在一定区域内，各系统在上级指控系统的统一指挥下，按照指令分配，独立开展作战行动，利用系统内配备的制导雷达完成目标截获跟踪，在满足发射条件后，适时发射导弹拦截，引导导弹杀伤目标。

在武器系统组成方面，"爱国者"是一种全天候、全空域地空导弹武器系统，1972年开始研制，1985年装备部队；该系统通常由1部制导雷达（AN/MPQ-53）、1个指控中心和8套发射装置组成，采用38°定角发射，导弹配备高能固体火箭发动机和破片杀伤战斗部。"萨德"的概念最早由美国国防部于1989年提出，该系统主要包括1部X波段雷达（AN/TPY-2）、1个指控中心和6套发射装备（8联装），导弹采用动能杀伤方式，可实现对目标的高效毁伤。

在导弹作战体系组成方面，一个防空导弹营可包括1辆营指控车，2辆营雷达车，2辆电源车；五套"爱国者"武器系统包括40辆发射车，5辆指控车，5辆雷达车，共计50个主要作战装备；一套"萨德"包括6辆发射车，4辆战术作战站，4辆发射控制站，8辆天线支援车，共计22个主要作战装备。一个防空导弹营作战体系合计包含72个主要作战装备（体系要素）。

在体系架构方面，第一代防空作战体系采用的是"树状"架构，在指挥结构上通常包括营级、连级、装备级三层，如图5-1所示。

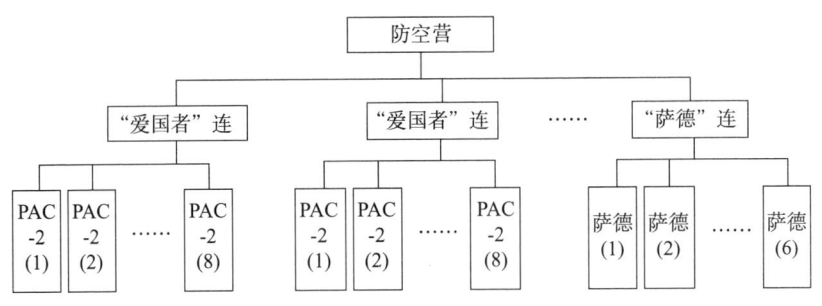

图5-1 美国第一代防空作战体系架构

第一代防空作战体系，由于作战装备一般采用单元作战方式，缺乏从其他途径获取信息和情报的能力，使得杀伤链仅能在各武器系统内局部闭合，无法实现作战资源的优化运用。同时，由于"树状"架构内各要素间缺乏横向连通的有效途径，使得体系内存在较多关键节点，一旦该型节点战损或故障，将导致体系能力出现坍塌，而其他装备也无法继续发挥作战效能，制约了持续作战能力实现。

每套"爱国者-2"武器系统的多目标能力 N 为8，拦截远界 S 为100 km，OODA闭环时间 T（按系统反应时间+飞行时间计算）为120 s，由此算得一个连套的"爱国者"导弹系统功率 W 为6.7，一个导弹营的"爱国者"体系功率 W 为33.3；每套"萨德"武器系统的多目标能力 N 为8，拦截

远界 S 为 200 km，OODA 闭环时间 T（按系统反应时间 + 飞行时间计算）为 210 s，由此算得"萨德"导弹系统功率 W 为 7.6，一个导弹连的"萨德"体系功率 W 为 7.6。一个防空作战导弹营的体系功率为 40.9。一个防空作战营的层级 H 为 3，其所包含的体系要素规模为 72 个。由此可以算出，美第一代陆上防空作战营的体系效率 E 为 0.19。

二、第二代防空作战体系

随着信息化、网络化作战需求的不断增强，针对第一代防空作战体系中存在的各类问题，美国陆军于 2019 年 3 月发布了《陆军防空反导 2028》战略文件，提出重点发展"一体化防空反导"（AIAMD）作战能力，通过对当前及未来防空反导武器系统和传感器的有效集成来实现对各类装备的随遇接入和一体化指挥，通过异构系统间的能力互补，支撑体系效能的充分发挥。为实现"一体化防空反导"作战，美国陆军充分运用网络中心战思想，通过构建"一体化防空反导指控系统"（IBCS）和综合火控网，完成对传感器、武器系统、战斗管理系统、通信和情报系统的有效整合，实现任意传感器与武器系统最优匹配的作战目标。

"一体化防空反导指挥控制系统"（IBCS）采用开放式体系架构，进行软硬件模块化和标准化设计，通过构建具有自组织、自配置、自愈合等特征的一体化火控网，通过采用企业集成总线架构和发布订阅机制，实现武器系统和各传感器间的耦合交链。依托第二代作战体系，美军将构建多武器、多传感器全面联网的一体化防御系统，具备融合多方数据并获取唯一全景空情图能力，通过扩展有效信息来源，弥补由第一代作战体系"烟囱形""树状"架构带来的缺陷，可根据任务需求，在向最适宜武器系统提供高品质的火控数据的同时，也增强系统超视距作战能力。

（1）在系统组成方面，美第二代防空作战体系（IBCS）计划接入"爱国者"地空导弹武器系统（PAC-2/3）、"萨德"末段高层区域防御系统、"复仇者"近程防空系统和反火箭弹、炮弹、迫击炮弹系统（C-RAM）等现役防御武器系统，改进型"哨兵"雷达、联合对地攻击巡航导弹、防御浮空式网络化传感器系统（JLENS）等现役传感器系统，以及正在研发的基于"斯特赖克"轮式装甲车的机动近程防空系统等多种类、多建制武器系统和传感器。第二代防空作战体系建成后，将使接入"一体化防空反导指控系统"（IBCS）的装备具备广泛的互联互通能力，可以实现对各类空中威胁的全谱防御。

（2）在导弹作战体系组成方面，一个防空导弹营可包括 1 辆营指控车，2 辆营雷达车，2 辆电源车，5 套"爱国者"；包括 40 辆发射车，5 辆指控车，5

辆雷达车，共计 50 个主要作战装备；1 套"萨德"，包括 6 辆发射车，4 辆战术作战站，4 辆发射控制站，8 辆天线支援车，共计 22 个主要作战装备。一个防空导弹营作战体系合计包含 72 个主要作战装备（体系要素）。

（3）在体系架构方面，第二代防空作战体系采用"网状"架构。在指挥结构上，在不包括"复仇者"近程防空系统的情况下，通常包括营级、装备级两层，如图 5-2 所示。

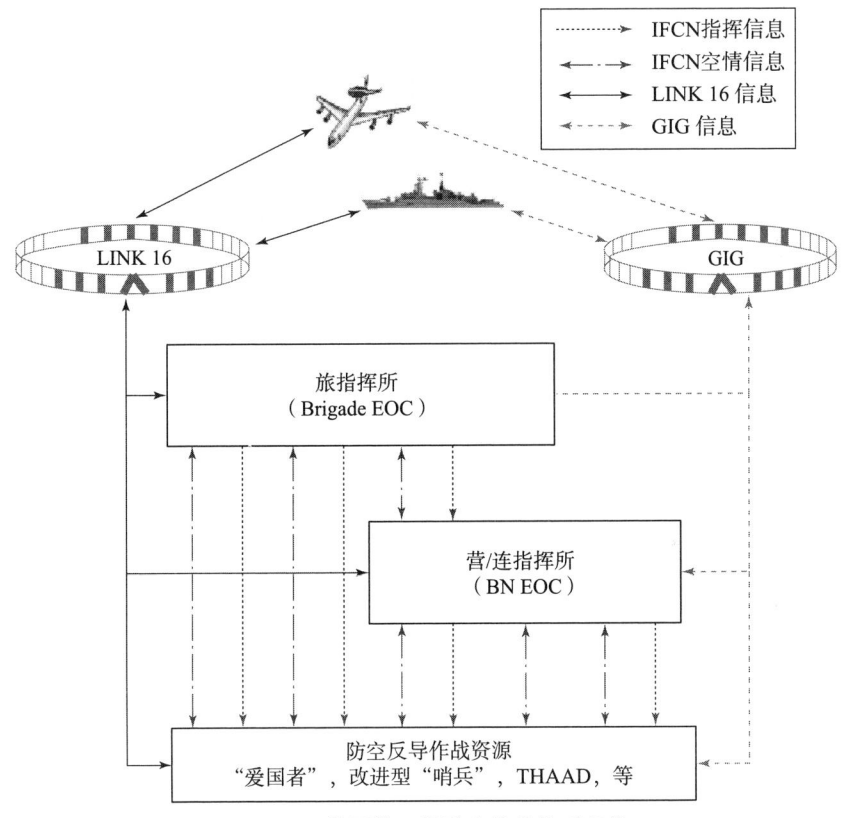

图 5-2 美国第二代防空作战体系架构

每套"爱国者-3"的多目标能力 N 为 16（推测值），拦截远界 S 为 160 km，OODA 闭环时间 T（按系统反应时间 + 飞行时间计算）为 170 s，由此算得"爱国者"导弹系统功率 W 为 15.1，一个导弹营的"爱国者"体系功率 W 为 75.3；每套"萨德"武器系统的多目标能力 N 为 16（推测值），拦截远界 S 为 200 km，OODA 闭环时间 T（按系统反应时间 + 飞行时间计算）为 210 s，由此算得"萨德"导弹系统功率 W 为 15.2 一个导弹营的"萨德"体系功率 W 为 15.2。一个防空作战导弹营的体系功率为 90.5。一个防空作战营

的层级 H 为 2，营所包含的体系要素规模为 72 个。由此可以算出，一个陆上防空作战营的体系效率 E 为 0.63。

三、两代防空作战对比分析

根据美陆上两代防空作战的体系效率计算结果（表 5 – 1）可以得出两代防空作战体系计算结果的直方图，如图 5 – 3 所示。

表 5 – 1　美陆军第一代和第二代防空作战体系能力对比

防空作战体系	火力密度 N	拦截远界 S/km	闭环时间 T/s	单装数量	体系功率	体系层级	要素	体系效率
第一代	8	100/200	120/210	5 + 1	40.9	3	72	0.19
第二代	16	160/200	170/210	5 + 1	90.5	2	72	0.63

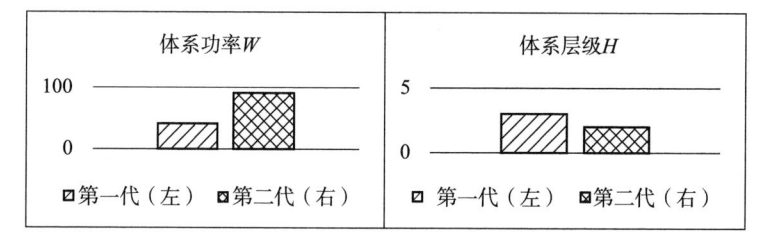

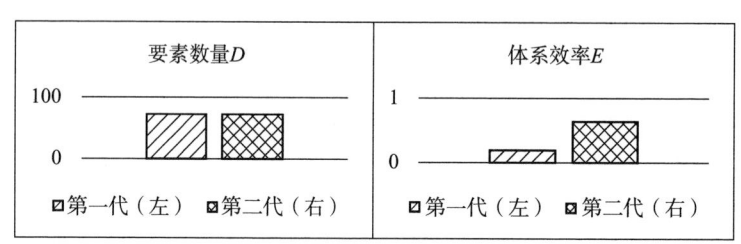

图 5 – 3　美陆军第一代和第二代防空作战体系参数对比

从中可以看出，第二代防空作战体系的体系效率比第一代提高了三倍以上。

体系效率的倍增得益于三个方面的能力提升。一是体系功率由 40.9 提高到 90.5，这主要是导弹武器系统拦截远界能力提升带来的，更多的是依靠发动机性能的提升获得；二是体系层级由三层减为两层，这主要是网络化的指挥架构改变所带来的；三是体系规模基本相当，一个导弹营的携行装备在没有增加的情况下，体系能力明显上升。总体上看，打通不同装备/系统间的信息交互链路，可以使各武器系统充分利用外部信息源跟踪数据，依托一体化作战指挥控制系统，从而实现杀伤链路的快速构建与有效闭合，以扩展系统拦截远界。

针对美陆上第一代和第二代作战体系，结合导弹作战体系时空特性描述理论，开展能力对比分析。在体系架构方面，第二代作战体系通过采用开放式架构和先进指挥和通信系统，提升了体系资源的使用灵活性，使各武器系统/装备具备动态接入、按需重组等功能，在要素数量（D）不变的条件下，可使指挥层级减少一级，从而提升综合效能。

导弹作战体系效率模型能够反映导弹作战体系升级换代的主要特征，其能够体现导弹作战体系作战能力提升的主要方面和主要程度，能够表征导弹作战体系典型的能力特征。

四、分析与启示

从上述结果可以看出，美国在防空作战体系建设方面存在以下特点：

在体系架构方面，美军以网络化、信息化作战为核心，通过构建"一体化防空反导系统"，实现体系层级的有效降低，进而提升整体效能。

在实战化方面，由于未来战场高对抗、强博弈等特点，对作战体系抗毁顽存和持续输出能力提出了更高要求，因此联合作战体系必须具备扁平化、可重组等特性，提升作战资源运用灵活性和抗毁能力，而美军的体系构建模式刚好符合这一发展趋势。

第二节 美海上编队防空作战体系运用分析

航母战斗群是美海上编队作战体系的主要承载，根据作战任务的不同，航母战斗群的编配也不同。为方便比较分析，以"1架预警机+4艘防空舰"作为执行一次超低空作战任务的典型配置，以标准-6导弹武器系统拦截低空来袭目标作为典型作战场景，由此开展两代作战体系的分析和对比。

一、第一代海上编队防空作战体系

根据选定的典型配置和作战场景，预警机可与防空舰实施数据交换，但不能引导控制防空导弹。因此，对于低空来袭目标的拦截，预警机可起到目标指示的作用，具体的引导拦截任务还要依靠舰载 SPY-1 雷达来完成，因此对拦截的距离有一定限制。

SPY-1 雷达为固定式电扫描多功能相控阵雷达，具有搜索、探测、跟踪、制导等多种功能，目前已有 A、B、C、D、F、K 等型号。四个八边形天线阵面安装在防空舰上层建筑上,即使防空舰发生±30°的横倾和±15°的纵倾,也能保持精确的跟踪。雷达采用数字计算机控制、高功率发射机及先进的信号处理技术,能在严重的杂波干扰和电子干扰环境下进行自适应搜索和跟踪,并能有效地应对具有宽带特性的目标。由于反舰导弹具有低空突防特性,雷达在低空区常采用多波束高数据率搜索。

在导弹武器系统组成上,每艘防空舰携带1套SPY-1雷达、1套作战系统、32枚标准-6导弹(占通垂数量96的1/3计),共计34套作战要素。

在防空导弹作战体系组成上,4艘防空舰共有136套作战要素,再加上1架空中E-2D预警机提供支援,共有137套作战要素。

在防空作战体系架构上,第一代海上编队防空作战体系采用"树状"架构。在指挥结构上,其通常包括预警机、防空舰、防空导弹武器系统,层级为3,如图5-4所示。

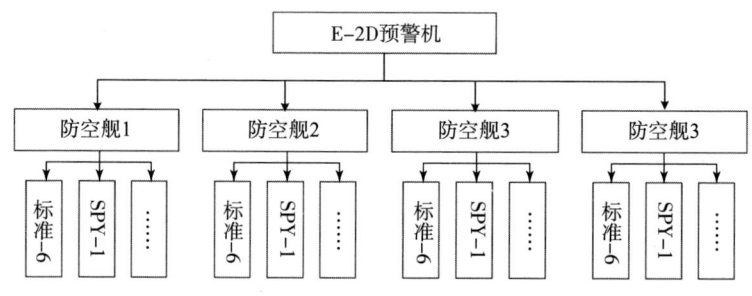

图5-4 第一代海上编队防空作战体系架构

每舰标准-6武器系统的多目标能力 N 为32,对超低空来袭目标的拦截远界 S 为15 km,OODA闭环时间 T 为35 s,由此算得每舰系统功率 W 为13.7,一个典型编队体系功率 W 为54.9。一个编队的层级 H 为3,所包含的体系要素规模为137套。由此可以算出,一个典型的超低空防空作战的体系效率 E 为0.13。

二、第二代海上编队防空作战体系

针对第一代防空作战体系资源运用效率不高,系统间协同能力较弱等问题,美军开始研制第二代防空作战体系(NIFC-CA)。在使命任务不变条件下,NIFC-CA体系基于先进数据网络,综合运用侦察预警、火力拦截、电子对抗等多方面作战力量来提升航母编队的超视距态势感知和防空能力。在该体系构型下,NIFC-CA的海上杀伤链主要包括E-2D预警机、F-35战斗机、CEC通信网络、Aegis作战系统、标准-6导弹等骨干支柱装备构成,其架构如图 5-5 所示。

图 5-5　NIFC-CA 架构

NIFC-CA 体系初期主要是解决掠海飞行目标受地球曲率影响、岸上目标受地形遮挡无法及时探测的问题，通过将探测系统多节点化并前出，获取大范围、更加准确而全面的战场信息，引导导弹武器实施超视距拦截，使美国海军水面舰艇具备了"看不到但打得到"的超视距防空能力。

NIFC-CA 体系基于网络化信息化技术，依托 E-2D、F-35 等平台扩展目标探测距离，通过数据链将目指信息回传宙斯盾系统，引导舰载武器进行超视距作战。同时，舰载机搭载的空面导弹、空空导弹也可执行作战任务，结合舰载机作战半径及空中加油机的配合，将进一步扩大标准-6 导弹作战范围，缩短决策时间，提高打击速度与精度，大幅度提升了对空防御探测范围和拦截波次，显著提升编队整体对空防御能力。

(1) E-2D 预警机作为 NIFC-CA 体系的中心节点之一，主要发挥前置信息节点的功能，可将本机雷达系统获得的高精度目标信息传递给舰艇编队，经 CEC 通信网络复合跟踪处理，可通过舰艇平台为标准-6 导弹提供目指信息，也可直接引导飞行中的标准-6 导弹，支持实施超视距防空作战。

(2) F-35 战斗机是重要的空中作战平台，利用高隐身和强传感器能力，将 NIFC-CA 的体系感知范围向敌方前沿拓展。其还可利用隐身性能和速度优势深入敌方空域收集数据，对来袭目标进行跟踪，为宙斯盾舰发射远程拦截导弹提供目标引导，也可直接引导飞行中的标准-6 导弹，支持其实施超视距防空作战。

(3) CEC 通信网络是美海军在 C3I 系统的基础上为加强海上防空作战能

力而研发的。美海军利用该项目通过数据链将传感器和武器集成到单一网络中，通过各种传感器的相互联网实现作战信息共享，统一协调战斗行动，优化目标探测和武器制导，极大幅度提高了航母编队的防空作战能力。

（4）Aegis 作战系统是 NIFC－CA 的重要节点，承担对空探测跟踪、复合跟踪与识别、协同打击指挥与控制、标准系列导弹发射与制导。在 NIFC－CA 中，宙斯盾作战系统能够利用空中平台传感器提供的数据对标准导弹进行火控解算、诸元装定、导弹发射以及中段指令修正制导。

（5）标准－6 导弹是 NIFC－CA 体系的主要武器，与标准－2 相比，其在射程、射高、制导方式等方面获得大幅提升。标准－6 导弹目前可以用于打击各型飞机、无人机、弹道导弹、低空机动飞行或高空超音速飞行的各型巡航导弹、反舰导弹以及水面舰艇。目前美军试验的标准－6 导弹使用了先进引信技术和功能强大的制导系统和电子设备，在保留半主动制导模式的同时采用了主动雷达导引头，这使标准－6 导弹即使不依靠发射舰的雷达，也能与远程目标进行交战。

对于一个典型的海上防空编队，在系统组成方面，典型的 NIFC－CA 体系中，每舰携带 1 套 CEC 网络通信系统，1 套 Aegis 作战系统，32 枚标准－6 导弹（占通垂数量 96 的 1/3 计）。在空中方面，其由 1 架 E－2D 预警机和 1 架 F－35 战斗机组成。

在体系要素方面，4 艘防空舰共有 136 套作战要素，再加上 E－2D 预警机和 F－35 战斗机，共有 138 套作战要素。

在体系架构方面，第二代海上编队防空作战体系采用"网状"架构，其中包括 NIFC－CA 体系和各型武器装备，层级为 2，如图 5－6 所示。

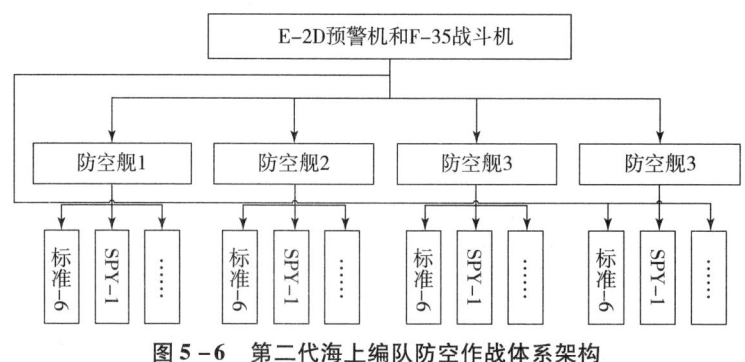

图 5－6　第二代海上编队防空作战体系架构

每舰防空系统的多目标能力 N 为 32，拦截远界 S 为 120 km，OODA 闭环时间 T 为 160 s，由此算得每舰系统功率 W 为 24。一个典型的海上编队防空作

战体系功率 W 为 96；一个 NIFC-CA 体系的层级 H 为 2，包含的体系要素规模为 138 套。由此可以算出，一个典型的第二代海上编队防空体系效率 E 为 0.35。

三、对比分析

与传统体系相比，第二代海上编队防空作战体系通过跨平台信息火力共享，实现了任务协同和信息火力快速匹配，充分发挥了标准-6导弹的作战效能，在形成超视距拦截能力的同时，使体系层级进一步压缩，最终使体系整体运行效率提升，约为原来的2.7倍。

美海军第一代和第二代海上编队防空作战体系能力对比如表5-2所示，美海军第一代和第二代海上编队防空作战体系参数对比如图5-7所示。

表5-2 美海军第一代和第二代海上编队防空作战体系能力对比

防空作战体系	火力密度 N	拦截远界 S/km	闭环时间 T	体系功率 W	体系层级 H	要素规模/套	体系效率 E
第一代	32	15	35	54.9	3	137	0.13
第二代	32	120	160	96	2	138	0.35

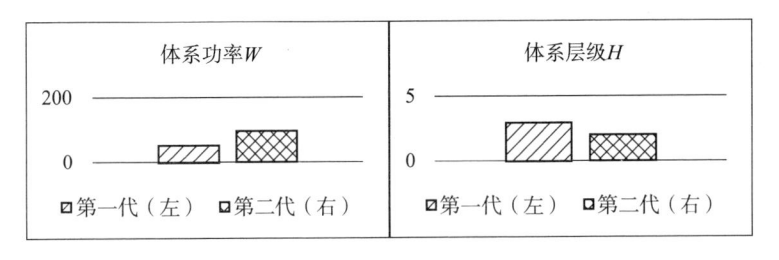

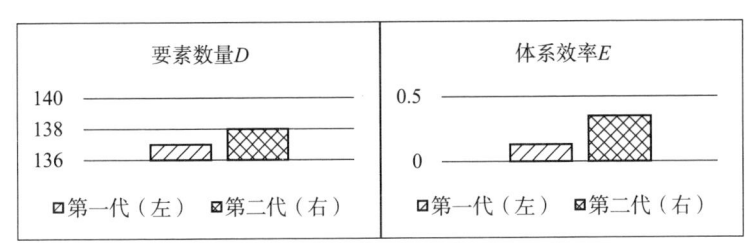

图5-7 美海军第一代和第二代海上编队防空作战体系参数对比

四、分析与启示

从上述结果可以看出，美军海上编队防空作战体系建设方面存在如下特点：

（1）超低空防御是海上编队防空的重点和难点。

（2）引入预警机和 F-35 战斗机可以增大对超低空目标的探测范围，可以更好地使标准-6 导弹实现最大射程。

（3）接入了预警机、战斗机、驱逐舰、巡洋舰、标准-6 导弹等探测和火力资源，减少了体系层级，从而在系统功率和装备数量不变的条件下，使作战体系的综合能力大幅提升。

第三节　俄陆上防空作战体系运用分析

俄罗斯拥有世界上最完善的地空导弹系统，用于拦截有人机和无人机，弹道导弹以及高超声速武器，与美国多种武器装备混合组成体系的方式不同，俄罗斯通常采用围绕单装进行体系扩展的模式。通过分析俄罗斯陆上防空作战体系，我们对体系效率公式进行实践运用。

一、俄陆上防空作战体系基本情况

作为世界军事强国，俄罗斯历来重视防空导弹武器发展及防御力量建设，以莫斯科防区的区域国土防御为主要需求，尤其注重发展对高精度导弹和远程歼击机的拦截能力。俄罗斯第三代国土防空系统的典型代表为 S-300 导弹系统，近些年根据任务使命，发展了 S-400、S-500 等新型防空导弹武器。同时，针对高火力密度、低成本、精确制导武器对抗等需求，研发了 S-350 系统。该系统由俄罗斯金刚石-安泰公司设计研发，继承了俄中远程区域防空导弹武器的设计理念，并与在役在研其他装备形成了高低搭配、远近互补、协同作战的空天防御体系。

俄罗斯陆上防空作战体系目前以 S-300、S-400 等武器系统为主。S-300 自 20 世纪 70 年代服役以来，经过不断发展和改进，综合性能得到了大幅提升，现已具备全天候、全空域作战能力。作战过程为：按目标指示雷达指示信息截获目标或制导雷达自主截获目标；制导雷达向导弹发射车传送并装定发射参数；按发射命令发射 1 至 2 枚导弹，导弹垂直弹射起飞，发动机空中点火，程序转弯，转向射击平面；制导雷达截获导弹，导弹按能量节省弹道飞行，制导雷达向导弹发射修正指令；制导雷达向弹上无线电测向仪传送目标指示信息，使其截获目标；按寻的制导原理将导弹引向目标，在遭遇点引信起爆战斗部。

S-400 主要用于在复杂对抗条件下对付电子对抗飞机、预警机、侦察机、战略飞机、战术与战区弹道导弹、中程弹道导弹等目标。系统可独立作战，亦可依据上级指挥所或外部雷达信息进行协同作战，信息源包括：友邻远中/近程地空导弹系统的雷达数据，与指控设备交链的上级指挥所的信息，航迹输出雷达和与指控设备交链的雷达提供的雷达数据。S-400 地空导弹系统从 20 世纪 80 年代开始研制，1999 年进行首次试验，2007 年 8 月正式装备部队。系统可采用多种导弹，包括 S-300 系统采用的导弹以及新研的导弹，导弹主要型号包括 48H6E 导弹、48H6E2 导弹、48H6E3 导弹、40H6E 导弹以及 9M96E 系列小型化导弹。

在防空作战体系发展方面，俄罗斯采用"单装体系化"发展思路，在单型武器系统内集成多种射程、多种体制、不同能力导弹，通过拦截弹族化配系与优势互补，构建火力单元分层防御能力，实现防空反导一体化作战和复杂场景下拦截效能的有效提升。此外，俄罗斯在装备研制时还十分注重通用化、标准化设计，一型导弹可配属多型不同武器系统（如 48H6 系列导弹可同时配属 S-300 和 S-400 武器系统），从而确保形成梯次拦截能力的同时，还可有效精简导弹型谱。

二、俄陆上防空作战体系效率计算

在系统组成方面，S-300、S-400 等武器系统组成要素基本相同，一个营套的导弹武器系统，包括 1 辆营级指控车、1 部制导雷达车和 8~12 辆发射车，共计 10~14 套（按平均 12 套计）作战要素。

在体系要素方面，一个防空导弹旅共编配 6 个防空导弹营，加上旅级指控车和旅级雷达车各 1 套，共有 74 套作战要素。

在体系架构方面，配属导弹依武器系统类型不同而有所差异。多套不同武器系统可在战术级指控系统的统一指挥下，完成坐标支援、外部信息制导等网络化作战模式，进一步提升复杂场景下的适应能力。典型的防空旅体系采用"树状"架构，层级为 3，如图 5-8 所示。

每营套 S-300 防空系统的火力密度 N 为 36，拦截远界 S 为 200 km，OODA 闭环时间 T 为 210 s。由此可以算出，一个营套的系统功率 W 为 34.3，一个导弹旅的体系功率 W 为 205.7；一个防空作战旅的层级 H 为 3，旅所包含的体系要素规模为 74 套。由此可以算得，一个陆上防空作战旅的体系效率 E 为 0.93。

每营套 S-400 武器系统的火力密度 N 为 60，拦截远界 S 为 380 km，OODA 闭环时间 T 为 390 s。由此算得，一个营套的系统功率 W 为 58.5，一个导弹旅的体系功率 W 为 350.8。一个防空作战旅的层级 H 为 3，旅所包含的体

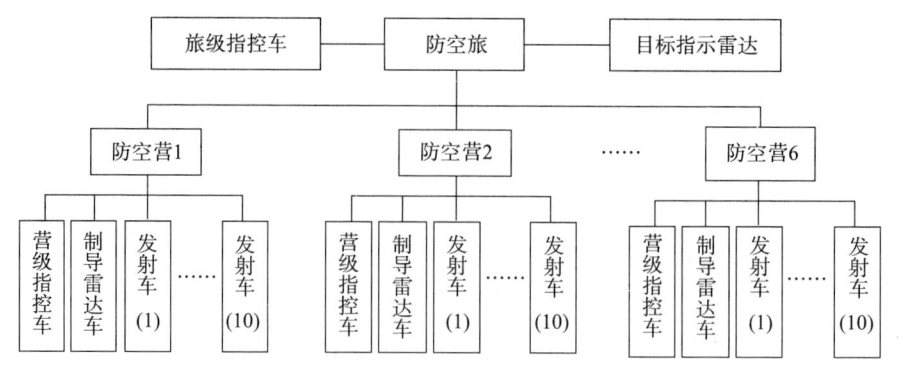

图 5-8 S-300、S-400 防空体系的组成

系要素规模为 74 套。由此可以算出，一个陆上防空作战旅的体系效率 E 为 1.6。

三、分析与启示

由于俄罗斯更强调单装体系化发展模式，因此选择 S-300 和 S-400 武器系统进行比较分析。其综合结果如表 5-3 和图 5-9 所示。

表 5-3 俄罗斯防空作战体系（基于 S-300/S-400 武器系统）能力对比

武器系统	火力密度 N	拦截远界 S/km	闭环时间 T	体系功率 W	体系层级 H	要素规模/套	体系效率 E
S-300	36	200	210	205.7	3	74	0.93
S-400	60	380	390	350.8	3	74	1.6

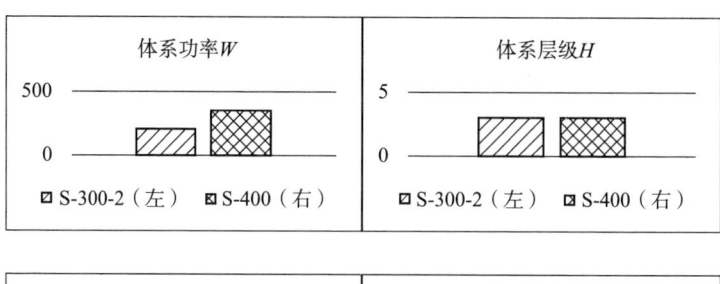

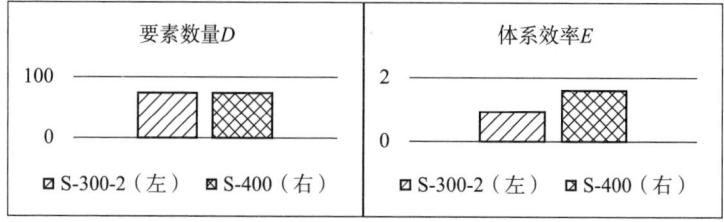

图 5-9 俄罗斯防空作战体系（基于 S-300/S-400 武器系统）参数对比分析

结果显示，S-400 防空系统相比于 S-300 防空系统，体系效率由 0.93 提升至 1.6，约为原来的 1.7 倍。

在体系层级和规模均不变的情况下，体系效率的提升主要依靠杀伤区远界扩展和多目标能力提升。

从上述结果可以看出，俄罗斯在防空作战体系建设方面存在以下几个特点：

（1）在体系架构方面，俄罗斯采用传统的"树状"架构，多套不同武器系统可在战术级指控系统的统一指挥下，通过协同配合共同完成作战任务，而其体系层级和装备总数则基本没变。

（2）在单装建设方面，俄罗斯采用单装体系化发展思路，通过在单型武器系统内集成不同体制、不同射程导弹，显著提升系统拦截远界和多目标能力，进而使系统功率和体系功率得到改善，实现体系整体能力的快速升级。

（3）在实战化方面，面向未来过饱和、多方向、体系化空袭模式，需通过扩展防御远界和分层拦截模式，依托梯次抗击策略，实现在大规模复杂场景下对来袭目标的有效拒止，而俄罗斯的体系构建模式恰好瞄准了这一目标，可以满足其未来国土防御作战的需求。

第四节 综合分析与启示

本章第二节和第三节分别对美陆上防空作战体系、美海上编队防空作战体系、俄陆上防空作战体系进行了纵向比较。这里，我们再对不同国别的体系进行横向比较。由于俄罗斯以国土防御为主，海上防空力量主要由单舰承担，体系化发展道路与美不同，因此我们在这里聚焦于美俄陆上防空作战体系的分析比较。

一、美俄陆上防空作战体系综合分析

综合计算结果，对美俄第一代和第二代防空作战体系进行纵向和横向比较分析，结果如表 5-4 所示。

表 5-4 美俄防空作战体系（第一、二代）能力对比表

防空作战体系	体系功率 W	体系层级 H	要素规模/套	体系效率 E
美第一代体系	40.9	3	72	0.19
俄 S-300 体系	205.7	3	74	0.93
美第二代体系	90.5	2	72	0.63
俄 S-400 体系	350.8	3	74	1.6

从表 5-4 中可以看出，俄罗斯的陆上防空作战体系的体系功率明显高于美国的陆上防空作战体系，其原因如下：

（1）美国更注重反导体系构建，在空中作战方面主要以战斗机、轰炸机等空基平台进攻为主，在防空方面投入较少，目前主要依托"爱国者"武器系统兼顾实施；而俄罗斯为实现有效国土防御，在 S-300 武器系统基础上持续改进，研制并装备了 S-400 武器系统，从而在杀伤区远界和多目标能力方面，相较美国有较大优势，进而体现在体系功率和综合能力等指标参数上。

（2）美国和俄罗斯采用了两种不同的体系建设方式，从而在综合能力评估结果上展现出差异。一方面，由于两国采取的发展战略不同：美国在全球化作战框架下，采取攻势防御策略，主要通过战略投送和前沿部署达成作战目标，其前置兵力主要面临敌中近程进攻力量打击威胁；而俄罗斯则以国土防御为主，更加强调要地防护和防御纵深，主要应对中远程进攻力量打击的威胁。另一方面，由于两国科技发展情况存在差异。计算机和互联网最早诞生于美国，多年来其一直引领着电子信息及网络产业的发展进步，在全球范围占据绝对优势；而俄罗斯则更加注重导弹能力建设，通过不断提升导弹射程、优化导弹型谱，实现体系综合能力的快速提升。

因此，美俄两国在体系建设途径上的差异，是它们在充分分析挖掘自身优势和特点基础上做出的战略抉择后，走出的适合自己国情的发展道路，可以在最大限度上满足自身利益和军事需求。

二、美俄陆上防空作战体系启示

基于上述分析结果，结合美俄等国发展历程和自身系统特点，可以得到以下启示：

（1）以网络为中心，实现体系能力有效提升。在体系建设方面，美国采用以网络为中心的发展思路，依托"一体化防空反导系统"项目建设，打通不同武器装备间的信息共享与协同交战链路，实现互联、互通和互操作，通过网络化作战模式扩展现有系统拦截远界，并减少体系的结构层级，从而充分发挥体系效能。

（2）采用单装体系化发展思路，实现体系效能快速增长。在体系建设思路方面，俄罗斯主要采用单装体系化发展模式，在单型武器系统内配属多型不同能力、不同体制导弹，基于拦截远界和多目标能力的持续提升，从而在架构层级和装备数量基本不变的条件下实现了体系效能的快速增长。

（3）应进一步深化体系研究，探索适合本国国情的体系建设模式。美国和俄罗斯依照各自国情和自身特点，在体系建设方面分别走出了不同发展路径，展现出两者在体系建设方面独有的特点。虽然表象不同，但其核心都是满足各自的作战需求和任务需要。因此，各国均应进一步加强研究，探索构建适合本国国情的体系建设模式。

（4）导弹作战体系的体系效率模型，能够反映作战体系的本质特征和核心能力，在指导体系发展、建设和运用方面意义重大。

第六章
飞航导弹作战体系效率的运用分析

本章以美军飞航导弹作战体系的发展代际为基础,分别对美反舰导弹作战体系、巡航导弹作战体系、反辐射导弹作战体系,按体系构成、体系特点,计算出体系效率,同时,按不同代际的体系效率差别对其进行分析,并由此得出相关结论。

第一节 美反舰作战体系及其体系效率

美反舰导弹发展起步较晚,但其却拥有较为鲜明的系列型号升级换代路线,对应的作战体系代际特征也极为明显。我们大体上将平台目指+自主寻的的近距反舰作战体系划为第一代反舰导弹作战体系,其中"鱼叉"导弹为主要打击导弹;将联网目指+智能寻的的远距反舰作战体系划为第二代反舰导弹作战体系,其中 LRASM 为主要打击导弹。

一、美反舰作战体系特征

(一)美第一代平台目指+自主寻的的近距反舰作战体系

美国海军在 20 世纪 60 年代初尚未计划发展反舰导弹需求,直到发生于 1967 年第三次中东战争中,埃及的两艘"蚊子"级导弹艇用 4 枚"冥河"导弹击沉以色列的"埃拉特"号驱逐舰,使美国海军决心研发一款反舰导弹以增强自身的水面战能力。美国海军在以平台通用化为作战需求的同时,也形成了舰射、潜射、空射型"鱼叉"反舰导弹。其导弹特征、性能鲜明统一,形成了明显的代际特征。这一时期,"鱼叉"反舰导弹以主动雷达制导体制,形成了围绕发射平台获取目指为中心的作战体系,发射平台获取射前目指装定至导弹,形成"射后不管"的作战样式。此时,第一代反舰导弹体系以平台(战斗机、舰船、潜艇)为中心,配合天基、预警机与海上巡逻机的战区目指体系侦察,由预警机等指挥节点对平台进行引导指挥,平台依托自身传感器对目标进行探测,将目指数据输入导弹。导弹发射后,导弹单纯凭借射前目指进行工作，末端依靠导弹主动雷达进行自寻的。

美第一代反舰作战体系特征表现在：一是以发射平台为中心；二是侦察平台与发射平台相互连接形成体系；三是导弹发射后随即脱离体系链接，独立工作。

（二）美第二代联网目指 + 智能寻的的远距反舰作战体系特征

LRASM 反舰导弹的研制计划于 2009 年启动，其反映了当时逐渐变化的地缘政治环境，以及美国在面对持续强化反舰能力的潜在竞争对手的作战需求，同时，也结束了自冷战后，美国由于"鱼叉"反舰导弹能力逐渐不足而长期搁置的反舰导弹换代问题。从此形成了第二代反舰作战体系。LRASM 反舰导弹凭借被动雷达 + 中段数据链的制导体制，形成了围绕导弹从体系中获取目指为中心的作战体系，导弹在发射后凭借自身的被动雷达接收到的信号识别目标，并以体系中的侦察平台向导弹传输的战场态势进行融合，由弹载人工智能进行协调攻击。此时，LRASM 在平台发射后，其装备的数据链可传输两块内容：弹上状态监控数据与目指信息，使得其发射后的侦打链不仅可以依靠弹上设备，同时可以与作战体系内的其他装备协同。本质上，具备导弹中段引导可以使作战体系的更加具有时间敏捷性，减少层级的堆叠。由于导弹中段引导可由作战体系支撑，所以 LRASM 的导引头设计可以舍去主动雷达导引头，而替换成无主动电磁辐射的红外成像 + 被动雷达双模导引头。虽然被动式的导引体制的效率比主动式的有明显差别，但是由于导弹拥有中段接收其他装备的目指更新，因此其目指获取能力得到进一步增强。由此，LRASM 的亚声速低弹道、隐身外形、无主动电磁辐射的设计选择使得其在作战体系的支撑下导弹本身的隐蔽性大大增强。

美第二代反舰作战体系特征表现在：一是以导弹为中心；二是体系中的侦察平台与导弹相互连接形成体系；三是导弹发射后仍与体系连接，相互支撑、协调攻击。

二、美第一代反舰作战体系效率分析

美第一代反舰导弹作战体系是以"鱼叉"反舰导弹作为导弹装备主体的作战体系。"鱼叉"反舰导弹由美国麦克唐纳 - 道格拉斯公司研制，在 1979 年装备部队使用，也是美国海空军现役最主要的反舰武器，可以自地面装备、飞机与各类水面舰艇以及潜艇上发射。"鱼叉"反舰导弹经历了 40 余年的发展，推出了 Block ⅠA/B/C/D、Block Ⅱ 等多种系列型号。下面以空射型"鱼叉" Block ⅠC 为美第一代反舰导弹作战体系作为具体对象进行相关分析。

典型的空射型"鱼叉"反舰导弹作战体系由预警机、战斗机、反舰导弹组成。其体系架构如图6-1所示。

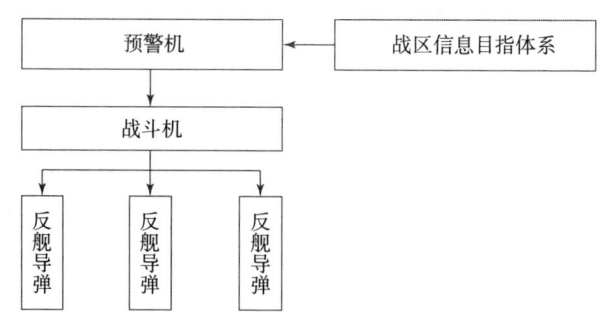

图6-1 美第一代反舰导弹作战体系架构

（1）在体系构成方面，"鱼叉"反舰导弹作战体系通常由数颗天基卫星、1架预警机、数架战斗机、数套反舰导弹系统组成。这几个体系节点构成了从侦察到指控再到火力打击的OODA，共同完成整个反舰作战任务。

（2）在体系架构方面，第一代反舰导弹作战体系采用"树状+串行"的架构，按照树状的上下级方式进行指挥指令的分发，具体来说就是联合作战指挥中心向天基卫星作战单元、预警机作战单元、战斗机作战单元、反舰导弹作战单元下达作战指挥命令，各单元按照拟定的作战流程及分工进行战斗作业，通过体系接口传输各类作战信息；按照串行的方式进行各环节的作战，天基卫星作战单元和预警机作战单元对目标区域进行情报侦察，将这些情报信息上传至指挥中心，指挥中心再综合分析情报信息并下达作战指令。战斗机作战单元在接到作战指令后进行作战准备、飞抵作战区等战斗作业，反舰导弹作战单元则进行导弹作战准备、挂弹等战斗作业。

（3）在体系特点方面，有如下三个特点：第一，"鱼叉"反舰导弹作战体系尚未与"三区"概念吻合，即我强敌弱的在线区、敌我均势的若线区、敌强我弱的离线区基本都是同样的飞行打击策略，导弹作战体系的效率不高。第二，第一代反舰导弹作战体系链条较为复杂、体系效率不高，"树状+串行"的体系架构带来信息的复杂流动，这导致体系效率不高，作战时间链较长、作战可靠性不高。第三，格外依赖外部信息、体系健壮性不足，在卫星不可用、预警机不可用情况下，作战链条将面临较大中断的风险。第四，"鱼叉"反舰导弹射程近较近，这导致体系性能受限，反舰导弹射程成了第一代反舰导弹作战体系的短板之一。

三、美第二代反舰作战体系效率分析

美第二代反舰导弹作战体系是以LRASM反舰导弹作为导弹装备主体的作

战体系。AGM-158C LRASM 是美国国防高等研究计划署为美国空军、美国海军开发的低可侦测性技术反舰导弹。它可以使用多种平台发射，配备被动雷达与红外导引头。并装备了弹上数据链，可传输弹上状态并在弹道中段接收目指信息。下面以美国空射型 LRASM 第二代反舰导弹作战体系作为具体对象进行分析。

典型的 LRASM 反舰导弹作战体系由预警机、战斗机、反舰导弹组成。其体系架构如图 6-2 所示。

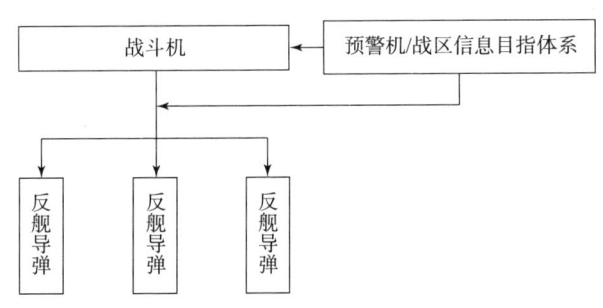

图 6-2 美第二代反舰导弹作战体系架构

（1）在体系构成方面，LRASM 反舰导弹作战体系同样由 LRASM 导弹系统、由数颗天基卫星、1 架预警机、数架战斗机组成。这几个体系节点构成了以 LRASM 导弹为中心的网络化作战体系，共同完成整个反舰作战任务。

（2）在体系架构方面，LRASM 反舰导弹作战体系基本脱离了"鱼叉"反舰作战体系的"树状+串行"的架构，采用以导弹为中心的"网络化"架构，可以先行发射导弹，而其他节点围绕导弹所处的战场环境进行战斗作业，并将相关信息传输给 LRASM 导弹。具体来说，根据可能的战场威胁向该区域发射 LRASM 导弹，发射后，在线获取卫星、预警机侦察到的目标区域态势情报，导弹根据指控系统在线下达的打击要求，调整打击策略、飞行策略及航迹；导弹进入敌防御区后，自主感知雷达和火力威胁并进行绕射规避，并将这些战场信息回传至中继平台、指控中心，从而实现战场信息共享；导弹进入敌方末段后，可以在线获取关于目标的先验知识，并对目标实行精准打击。

（3）在体系特点方面，其有如下四个特点：第一，LRASM 反舰导弹作战体系基本与"三区"概念吻合，即我强敌弱的在线区保持信息畅通、导弹高弹道飞行，敌我均势的若线区可以保持一定的信息通联、导弹降低飞行高度，敌强我弱的离线区则难以进行信息交联，需要导弹自主低弹道突防打击，通过这种"三区"设计，导弹作战体系的效率极高。第二，第二代反舰导弹作战体系链条极为简单、体系效率极高，"网状化"的体系架构节省了大量的信息流动时间，导弹可以"先发射、再决策、后瞄准"，效率极高。第三，虽然也依赖外部信息，但是自主性极强，可以在复杂对抗条件下自主完成作战任务。第四，LRASM射程较远，覆盖范围极大，带动了体系性能的提升，进而带动了体系效率的提升。

四、体系效率

以F-18C/D四机编队为例，"鱼叉"（Block ⅠC）的质量为522 kg，每架F-18C/D可挂载4枚"鱼叉"。按照以上分析，空射型"鱼叉"Block ⅠC系统的火力密度N为16，射程S为220 km，武器准备时间为5 min，导弹飞行时间为13 min，OODA闭环时间T（按武器准备时间+飞行时间计算）为1 080 s。系统功率W为3.3。四机编队反舰作战的体系层级H为3，所包含的要素规模D为6。由此可以算得，F-18C/D四机编队搭载"鱼叉"Block ⅠC的反舰导弹体系效率E为0.18。

以F-18E/F四机编队为例，LRASM的质量为1 100 kg，每架F-18E/F可挂载2枚LRASM。按照以上分析，LRASM武器系统的火力密度N为8，射程S为900 km，武器准备时间为3 min，导弹离线区飞行时间为1.7 min，OODA闭环时间T（由于飞行中由体系支撑更新目标态势，则按武器准备时间+离线区飞行时间计算，离线区距离为掠海高度对海目标视距，取30 km）为283 s。系统功率W为25.5。四机编队反舰作战的体系层级H为2，所包含的要素规模D为6。由此可以算出，F-18E/F四机编队搭载LRASM的反舰导弹体系效率E为2.1，如表6-1所示。

表6-1 美反舰导弹体系效率

国别	型号	代际	射程	速度	导弹类型	平台及携带量		系统功率/体系层级/装备包含数量	体系效率
美国	Harpoon Block ⅠC	1	220 km	0.85马赫[①]	反舰	F-18C/D	4枚	3.3/3/6	0.18
	AGM-158C LRASM	2	900 km	0.85马赫	反舰	F-18E/F	2枚	25.5/2/6	2.1

五、启示

通过分析和计算，可以得出以下启示：

---

① 1马赫=1 225.08 km/h。

（1）第二代反舰导弹作战体系按照在线区、若线区、离线区的三区设计，而非第一代的全若线区设计，可以显著提升体系作战效率。

（2）传统树型、串行的体系架构较为复杂，体系效率不高，第二代反舰作战体系网状化的体系架构效率较高。

（3）LRASM"先发射再瞄准"模式带来更短的作战闭环时间，带来了更高的体系效率。

（4）美军现役轰炸机可装载 20 枚以上的 LRASM 反舰导弹，单机可执行较大规模反舰作战，这种高火力密度带来了更高的体系效率。

（5）LRASM 反舰导弹的射程较 Block ⅠC 提升 4 倍以上，可以覆盖更广阔的海上区域，显著提升了体系效率。

第二节　美巡航导弹精确打击作战体系及其体系效率

美军巡航导弹的发展最为成熟且久远，经过几十年的发展，"战斧"巡航导弹不断升级换代，并带来巡航导弹精确打击作战体系的升级换代。大体上我们将在岸规划+离线打击的巡航导弹精确打击作战体系划为第一代巡航导弹精确打击作战体系，其中"战斧"Block Ⅰ~Ⅲ为主要打击导弹；将离岸规划+在线打击的巡航导弹精确打击作战体系划为巡航导弹精确打击作战体系，其中"战斧"Block Ⅳ~Ⅴ为主要打击导弹。

一、美巡航导弹精确打击作战体系特征

（一）美第一代在岸规划+离线打击的巡航导弹精确打击作战体系特征

1970 年，美国海军以防区外纵深打击为作战需求，研发装备了"战斧"巡航导弹。由于对防区外纵深打击需要处理多目标、协同多弹道路径，美国海军为其配备了庞大而独立的战区任务规划中心对其作战任务进行协调攻击。战区任务规划中心先统一处理巡航导弹打击任务规划，再通过数据链将任务规划数据下发至各个发射舰艇上。以这一上下层级划分体系层级作为特点，可以将"战斧"的前期型（Block Ⅰ/Ⅱ/Ⅲ）巡航导弹视为美第一代巡航导弹精确打击作战体系。

在海湾战争中，"战斧"构成的精确打击体系的打击目标皆为固定式，打击方式为开战首轮打击，由目标获取、作战规划、执行三个步骤构成。

目标获取：由天基侦察卫星、人力情报保障了战前目标的获取。实际上在这一阶段，沙漠风暴行动半年前就早已展开。

作战规划：由战区任务规划中心（TMPC）分配目标与任务规划，将任务

逐级分发至海军舰船、潜艇。舰船、潜艇受领任务，使用各自配备的战斧武器控制系统（适装于水面舰艇）/作战控制系统（适装于潜艇）（TWCS/CCS）进行数据装定。

执行：发射战斧，作业结束（战斧 Block Ⅱ不具备传感信息传输能力）。

美第一代巡航导弹精确打击作战体系特征为：①依靠岸基的战区任务规划中心统一调度打击任务；②平台仅用作发射功能；③一旦形成打击计划，难以更改，作战灵活性不足。

（二）美第二代离岸规划＋在线打击的巡航导弹精确打击作战体系特征

到了 2017 年，美军的战区任务规划中心已经发展为了为战斧巡航导弹任务提供精确瞄准、路线规划、任务分配和打击管理子系统。TMPC 是战斧武器系统的任务规划和执行部分，优化战斧巡航导弹任务打击目标的所有方面。TMPC 可形成和分配战斧导弹的任务，为 TWS 形成指挥信息服务。提供打击计划、执行、协调、控制和报告；并为海上部队指挥官提供规划或修改 TLAM 任务的能力。TMPC 已演变为可扩展配置，部署在 180 个站点的 5 种配置中：3 个配备在巡航导弹支援活动中心；3 个配备在第五、第六和第七舰队的战斧打击任务规划小组；133 个配备于航母打击群和舰艇上；11 个配备在指挥控制节点；5 个配备在实验室；6 个配备在训练室。

而战斧武器控制系统也已更新为战术战斧武器控制系统。战术战斧武器控制系统进行初始化并准备发射 Block Ⅲ 和 Block Ⅳ 战斧巡航导弹。TTWCS 还为发射单位提供了规划 Block Ⅲ 和 Block Ⅳ 全球定位系统专用任务，将 Block Ⅳ 导弹重新定位到备用目标以及监控飞行中的导弹的能力。

由此可以看出，美军将 TMPC 与 TTWCS 同时配备在发射舰艇上，使单舰就可拥有完整的战斧规划、发射、指控能力，也使战斧对陆攻击装备体系形成了直接贯通。

美第二代巡航导弹精确打击作战体系特征为：①以平台为中心，将指控与任务规划中心配备至每个发射平台，平台集成度高；②作战体系的控制软硬件水平进一步提高，且体系层级的减少，使"战斧"巡航导弹可以大幅压缩响应与规划时间，形成时间上的体系敏捷度。同时，在中段可以修正目标或更换备用目标，形成运用上的体系敏捷度。

二、美第一代巡航导弹精确打击作战体系效率分析

美第一代巡航导弹作战体系是以"战斧"前期型巡航导弹作为导弹装备主体作战体系的。"战斧"巡航导弹前期型号由应用物理实验室/约翰·霍普金斯大学设计，美国通用动力公司与麦克唐纳－道格拉斯公司联合研制的一款

长程、全天候、亚声速巡航飞行的导弹。其可以从地面装备与各类水面军舰以及潜艇上发射。我们以美国舰射型"战斧"Block Ⅱ第一代巡航导弹作战体系作为对象进行具体分析。

典型的舰射型"战斧"Block Ⅱ巡航导弹作战体系由战区目标中心、战区任务规划中心、驱逐舰、巡洋舰组成。其体系架构如图6-3所示。

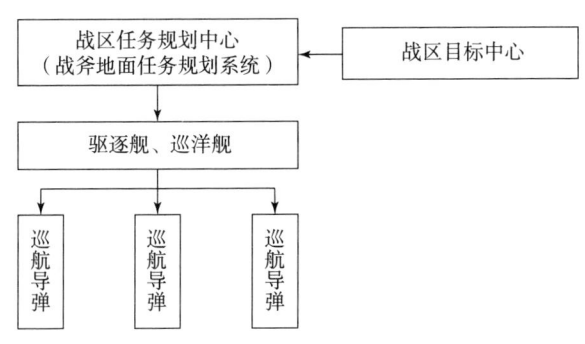

图6-3 美第一代巡航导弹作战体系架构

在体系构成方面,"战斧"Block Ⅱ型巡航导弹作战体系通常由战斧武器系统、数颗天基卫星、目标中心、战区任务规划中心、驱逐舰、巡洋舰组成。这几个体系节点构成了从目标侦察到规划指控再到火力打击的OODA,共同完成整个巡航导弹对陆打击任务。

在体系架构方面,第一代巡航导弹作战体系采用"树状+串行"的架构,按照树状的上下级方式进行指挥指令的分发,具体来说就是联合作战指挥中心向天基卫星作战单元、目标中心作战单元、战区任务规划中心作战单元、巡航作战单元下达作战指挥命令,各单元按照拟定的作战流程及分工进行战斗作业,通过体系接口传输各类作战信息;战区任务规划中心按照串行的方式从目标中心获取打击目标,然后分析规划目标信息并下发任务数据至各巡航作战单元,巡航作战单元进行导弹作战准备、发射等战斗作业。

在体系特点方面,有如下几个特点:第一,"战斧"Block Ⅱ型巡航导弹作战体系并未建立"三区"体制,导弹发射后即进入离线区,导致导弹作战体系的效率不高。第二,第一代巡航导弹作战体系链条较为复杂,体系效率不高,"树状+串行"的体系架构带来信息的复杂流动,这导致其体系效率不高,作战时间链较长,作战可靠性不高。

三、美第二代巡航导弹精确打击作战体系效率分析

美第二代巡航导弹作战体系是以"战斧"后期型(Block Ⅳ/Ⅴ)巡航导

弹作为导弹装备主体的作战体系。"战斧"巡航导弹后期型号由雷神公司研制的一款长程、全天候、亚声速巡航飞行的导弹。可以自地面装备与各类水面军舰以及潜艇上发射。下面以美国舰射型"战斧"Block Ⅳ为美第二代巡航导弹作战体系作为对象进行具体分析。

典型的舰射型"战斧"Block Ⅳ巡航导弹作战体系由战区目标中心、战区任务规划中心、驱逐舰、巡洋舰组成。其体系架构如图6-4所示。

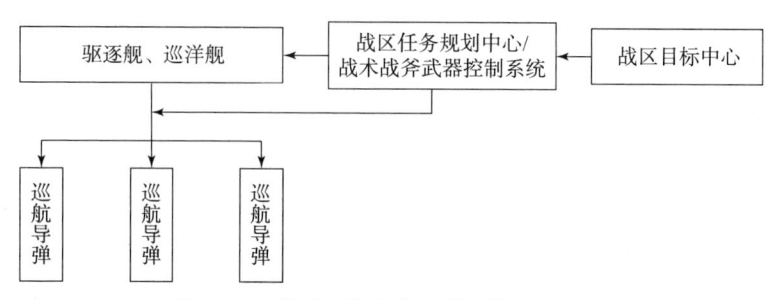

图6-4 美第二代巡航导弹作战体系架构

在体系构成方面,"战斧"Block Ⅳ巡航导弹作战体系则由数颗天基卫星、目标中心、驱逐舰、巡洋舰,与集成于舰上一体的战术战斧武器系统/战区任务规划中心组成。这几个体系节点构成了以"战斧"Block Ⅳ巡航导弹为中心的网络化作战体系,共同完成整个对陆打击作战任务。

在体系架构方面,"战斧"Block Ⅳ巡航导弹作战体系基本脱离了"战斧"Block Ⅱ型巡航导弹作战体系的"树状+串行"的架构,采用以导弹为中心的"网络化"架构。导弹除根据舰上射控装定的任务进行作战外,还可在线获取由卫星转发至弹上控制系统的任务,调整打击策略、飞行策略及航迹。

在体系特点方面,第一,"战斧"Block Ⅳ巡航导弹作战体系基本与"三区"概念吻合,即我强敌弱的在线区保持信息畅通,导弹高弹道飞行,敌我均势的若线区可以保持一定的信息通联,导弹降低飞行高度,敌强我弱的离线区则难以进行信息交联、需要导弹自主低弹道突防打击,通过这种"三区"设计,导弹作战体系的效率极高。第二,第二代巡航导弹作战体系链条极为简单、体系效率极高,"网状化""平台集成化"的体系架构节省了大量的信息流动时间。第三,"战斧"Block Ⅳ巡航导弹射程更远,覆盖范围极大,带动了体系性能的提升,进而带动了体系效率的提升。

四、体系效率

以"战斧"Block Ⅱ为例,其射程为1 500 km,速度为0.72马赫,携带平台为斯普鲁恩斯级驱逐舰，可携带 61 枚导弹。以一艘斯普鲁恩斯级驱逐舰为例，其武器系统功率计算方式为：单舰火力密度 N 为 61；射程 S 为 1 500 km；武器准备时间为 30 min，导弹飞行时间为 100 min，则 OODA 闭环时间 T（按武器准备时间＋飞行时间计算）为 7 800 s。可计算出系统功率 W 为 11.7。体系层级 H 为 3；装备包含数量 D 是 3，则体系效率为 1.3。

以"战斧"Block Ⅲ为例，其射程为 1 500 km，速度为 0.72 马赫，携带平台为伯克Ⅰ级驱逐舰，可携带 90 枚导弹。以一艘伯克Ⅰ驱逐舰为例，其武器系统功率计算方式为：单舰火力密度 N 为 90；射程 S 为 1 500 km；武器准备时间为 10 min，导弹飞行时间为 100 min，则 OODA 闭环时间 T（按武器准备时间＋飞行时间计算）为 6 600 s。系统功率 W 计算可得 20.5。体系层级 H 为 3；装备包含数量 D 是 3，则体系效率 E 为 2.3。

以"战斧"Block Ⅳ为例，其射程为 1 500 km，速度为 0.72 马赫，携带平台为伯克Ⅱ驱逐舰，可携带 96 枚导弹。以一艘伯克Ⅱ驱逐舰为例，其武器系统功率计算方式为：单舰火力密度 N 为 96；射程 S 为 1 500 km；武器准备时间为 5 min，导弹飞行时间为 100 min，则 OODA 闭环时间 T（按武器准备时间＋飞行时间计算）为 6 300 s。可计算出系统功率 W 为 22.9。体系层级 H 为 2；装备包含数量 D 是 3，则体系效率 E 为 3.8，如表 6－2 所示。

表 6－2　美巡航导弹体系效率表

国别	型号	代际	射程	速度	导弹类型	平台及携带量		系统功率/体系层级/装备包含数量	体系效率
美国	"战斧"Block Ⅱ	2	1 500 km	0.72 马赫	舰对地	斯普鲁恩斯级驱逐舰	61	11.7/3/3	1.3
	"战斧"Block Ⅲ	3	1 500 km	0.72 马赫	舰对地	伯克Ⅰ驱逐舰	90	20.5/3/3	2.3
	"战斧"Block Ⅳ	4	1 500 km	0.72 马赫	舰对地	伯克Ⅱ驱逐舰	96	22.9/2/3	3.8

五、启示

（1）第二代巡航导弹作战体系按照在线区、若线区、离线区的三区设计，而非第一代的全离线区设计，可以显著提升体系作战效率。

（2）传统树型、串行的体系架构较为复杂，体系效率不高；第二代巡航导弹作战体系网状化、集成系统化的体系架构效率较高。

（3）"战斧"Block Ⅳ可通过星载链在线更改任务，增加了作战敏捷性，带来了更高的体系效率。

(4) 美军现役驱逐舰垂发数量相较于斯普鲁恩斯级提升了 30 个以上，因此单舰可搭载更高数量的导弹，这种高火力密度带来了更高的体系效率。

第三节　美反辐射作战体系及其体系效率

美军反辐射导弹发展较早，经历了"百舌鸟"反辐射导弹、AGM – 88E 的升级换代，使反辐射作战体系实现了换代升级。我们大体上将防区内临空压制式反辐射作战体系划为第一代反辐射作战体系，其中"百舌鸟"反辐射导弹为主要打击导弹；将防区外穿透压制式反辐射作战体系划为第一代反辐射作战体系，其中 AGM – 88E 为主要打击导弹。

一、美反辐射作战体系特征

（一）美第一代防区内临空压制式反辐射作战体系特征

1965 年，"百舌鸟"反辐射导弹在越南战争上首次使用，配合 A – 4 攻击机进行反辐射作战。后装备 F – 105 与 F – 4G 型电子战飞机，并参加了海湾战争。虽然此时的防空武器系统射程大大超过第一代反辐射的射程，但是由于当时的防空武器系统性能落后，执行反辐射作战的飞行员仍然能够凭借成熟的空中机动、技战术优势与敌方防空系统对抗，而且还以临空压制为主。

反辐射导弹的作战任务较为特殊，其对抗目标为具有时敏性与隐蔽性的机动雷达类目标，运用方式以随遇打击为主，其对抗时间短促、视距内交战、射后不管，导致作战体系层级少。

美第一代反辐射作战体系特征为：①随遇打击、对抗短促；②敌防空导弹射程内作战；③临空压制。

（二）美第二代防区外穿透压制式反辐射作战体系特征

2012 年，AGM – 88E 反辐射导弹形成了初始作战能力。美国海军以回应潜在对手逐渐强大的防空武器系统能力、更完善的电子干扰能力与空中作战能力为作战需求，其发展指标向着更快的速度、更远的射程、更宽的频谱与更强的反干扰能力的方向发展，目标是提高平台生存力并实现穿透式压制。

美第二代反辐射作战体系特征为：①随遇打击、对抗短促；②抗干扰与反干扰成为核心主题；③反辐射作战从视距内向超视距转变；④穿透压制。

二、美第一代反辐射作战体系效率分析

美第一代反辐射导弹作战体系是以"百舌鸟"反辐射导弹作为导弹装备

主体的作战体系。由 AIM-7"麻雀"半主动空空导弹与被动雷达导引头结合而成，拥有两个系列型号，即 AGM-45A 与 AGM-45B。下面以 AGM-45B "百舌鸟"反辐射导弹为美第一代反辐射导弹作战体系作为对象进行具体分析。

典型的 AGM-45B"百舌鸟"反辐射导弹作战体系由伴动诱敌装备、战斗机、反辐射导弹组成。其体系架构如图 6-5 所示。

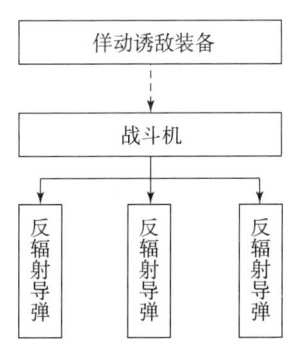

图 6-5　美第一代反辐射导弹作战体系架构

在体系构成方面，AGM-45B"百舌鸟"反辐射导弹作战体系通常由伴动诱敌装备、战斗机、反辐射导弹组成。这几个体系节点构成了从目标侦察到火力打击的 OODA，完成反辐射作战任务。

在体系架构方面，第一代巡航导弹作战体系采用"点对点"链接的架构：伴动诱敌装备通过电子、诱饵、实兵等伴动诱敌方式误导敌方雷达开机。战斗机携带反辐射导弹在作战空域搜寻敌方辐射源。锁定辐射源后，战斗机发射反辐射导弹，结束作业。

在体系特点方面有如下几个特点：第一，导弹导引头承担侦察发现-锁定跟踪的功能，导弹发射后即进入离线区，导致导弹作战体系的效率不高。第二，虽然链条较为简单，但作战距离短，视距内作战面临较大威胁，短板较为明显。

三、美第二代反辐射作战体系效率分析

美第二代反辐射导弹作战体系是以 AGM-88E 反辐射导弹作为导弹装备主体的作战体系。AGM-88E 是美国现役的空对地反辐射导弹，与前型 HARM 相比，其被动雷达导引头频率覆盖更大，并装备了主动毫米波雷达导引头组成多模复合导弹导引机制。下面以美国 AGM-88E 第二代反辐射导弹作战体系作为对象进行具体分析。

典型的 AGM-88E 反辐射导弹作战体系由诱敌侦察装备、战斗机、反辐射导弹组成。其体系架构如图 6-6 所示。

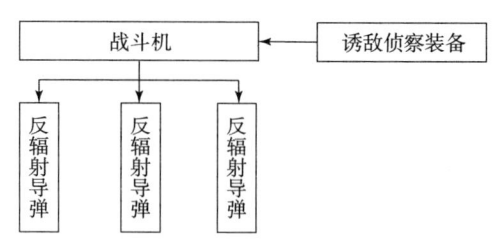

图 6-6　美第二代反辐射导弹作战体系架构

在体系构成方面，AGM-88E 反辐射导弹作战体系由诱敌侦察装备、战斗机、反辐射导弹组成。这几个体系节点构成了以 AGM-88E 反辐射导弹为中心的网络化作战体系，共同完成整个反辐射作战任务。

在体系架构方面，AGM-88E 反辐射导弹作战体系基本脱离了 AGM-45B "百舌鸟"反辐射导弹作战体系的"点对点"链接的架构，采用以导弹为中心的"网络化"架构。在发射前，由诱敌侦查装备通过电子、诱饵、实兵等佯动方式诱骗敌方雷达开机。其次，诱敌侦察装备侦搜战场辐射信号，向执行反辐射任务的战斗机传递电磁态势与目标信息。在通过态势共享至战斗机后，战斗机携带反辐射导弹，在射程边缘发射反辐射导弹后撤离。

在体系特点方面有如下特点：第一，AGM-88E 反辐射导弹作战体系加入了在线区、若线区，使得战斗机可根据体系提供的态势决定作战方式、保持自身安全，导弹作战体系的效率得到提高。第二，第二代巡航导弹作战体系链条通过接入侦察平台获得"网络化"特征，通过体系链条的传递，获得更多的战场电磁信息，提升作战反应能力。第三，AGM-88E 反辐射导弹射程更远，覆盖范围极大，带动了体系性能的提升，进而带动了体系效率的提升。

四、体系效率

以 F-4G 四机编队为例，每架 F-4G 可挂载 4 枚 AGM-45B "百舌鸟"反辐射导弹。按照以上分析，AGM-45B 系统的火力密度 N 为 16，射程 S 为 45 km，武器准备时间为 5 min，导弹飞行时间为 1.5 min，OODA 闭环时间 T（按武器准备时间＋飞行时间计算）为 390 s。系统功率 W 为 1.8。四机编队反辐射作战的体系层级 H 为 3，所包含的要素规模 D 为 5。由此可以算出，F-4G 四机编队搭载 AGM-45B "百舌鸟"的反辐射导弹体系效率 E 为 0.12。

以 F-18E/F 四机编队为例，每架 F-18E/F 可挂载 6 枚 AGM-88E 反辐

射导弹。按照以上分析，ARRGM 系统的火力密度 N 为 24，射程 S 为 110 km，武器准备时间为 2 min，导弹飞行时间为 2.7 min，OODA 闭环时间 T（按武器准备时间 + 飞行时间计算）为 282 s。系统功率 W 为 9.4。四机编队反辐射作战的体系层级 H 为 2，所包含的要素规模 D 为 5。由此可以算出，F - 18E/F 四机编队搭载 AGM - 88E 反辐射导弹的体系效率 E 为 0.94，其效率如表 6 - 3 所示。

表 6 - 3 美反辐射导弹体系效率

国别	型号	代际	射程	速度	导弹类型	平台及携带量	系统功率/体系层级/装备包含数量	体系效率
美国	AGM - 45B "百舌鸟"	1	45 km	1.5 马赫	反辐射	F - 4G 战斗机	4	1.8/3/5	0.12
	AGM - 88E	2	110 km	2.0 马赫	反辐射	F/A - 18E/F 战斗机	6	9.4/2/5	0.94

五、启示

（1）第二代反辐射导弹作战体系按照在线区、若线区、离线区的三区设计，而非第一代的全离线区设计，可以显著提升体系作战效率。

（2）第一代反辐射导弹的"点对点"架构只能支撑视距内打击，体系效率不高，第二代反辐射导弹作战体系网状化的体系架构效率较高可增加打击范围。

（3）AGM - 88E 反辐射导弹射程较 AGM - 45B "百舌鸟"反辐射导弹增加了约 2 倍的射程，速度增加了约 35%，可以覆盖更广阔的战场，使打击速度更加快，显著提升了体系效率。

第四节　综合分析与启示

从之前的研究分析中可以得到发展飞航导弹作战体系的几个重要启示。

一、美军以导弹为中心的体系化是飞航体系发展的重点

以导弹为中心的体系化就是要围绕导弹精打需求得到其他装备的能力需求，围绕导弹装备构建不同的作战体系，围绕精确打击的杀伤链细化体系环节，围绕导弹作战性能精算细算体系。以导弹为中心进行体系化发展是飞航装备提高作战效能的关键。美军第一代反舰作战体系以平台为中心，这使体系架

构较为复杂、体系链条和时间较为冗长，也使导弹能力不能充分发挥，其他装备能力与导弹能力不能充分匹配，体系能力欠缺、体系效率不高，仅能进行近程反舰作战，抗干扰、应对复杂战场环境的能力也不足。美军第二代反舰作战体系以导弹为中心进行体系各要素的优化设计，网络化的体系架构较为简单、体系链条也较短，使用创新的"先发射再瞄准"等作战理念，极大缩短了打击时间链条、使任务更为丰富，使体系打击范围扩展超过 7 倍，体系链条也变得极为健壮，最终大幅度提升了体系实战化能力。

二、美军以"三区"引领的体系化是飞航体系设计的重点

"三区"是指导弹从发射到命中目标所经过的区域，即靠近我方的在线区，敌我接壤的若线区，靠近敌方的离线区。在线区意味着远离防御、远离威胁，我方体系可以低对抗要求进行设计，导弹可以更高的经济高度飞行、体系与武器间的通信可以更为通畅、各种干扰设备可以暂时关闭，等等；若线区意味着开始接近敌方防御区，但是也有一部分处于我方作战保护区域，体系可能面临拦截、干扰威胁，体系设计要考虑防御情况，武器间通信要考虑一定的抗干扰问题；离线区意味着我方武器可能被敌方干扰，与体系的通信基本失联，面临敌方的密集防御，需要采取大量防御措施，等等。按照"三区"的理念开展体系设计，是一种知己知彼而后行的理念，巧妙利用了敌我对抗区域强弱变化的本质规律，是从体系作战的宏观战略角度简化体系设计流程、简化体系设计架构、开展最优体系设计的关键。以 LRASM 反舰导弹为核心的第二代反舰作战体系按照"三区"理念设计，体系与导弹的联系更加紧密，体系对导弹的支撑更加全面，冗余功能得到极大幅度的简化，导弹将主要资源聚焦于离线区的设计上，由此而得到的体系效率更高，体系效能也更强。飞航导弹的体系设计要遵从"三区"设计理念开展体系架构设计，以最优架构最大幅度提升体系效率。

三、美军以时空特性要求的体系化是飞航体系建设的重点

体系时空特性是包括了体系效率、体系功率等要求的对体系本质的特征描述。其中体系效率公式揭示了体系在作战任务中的效率情况，体系功率公式则揭示了体系在作战任务中的性能情况，这两个公式共同说明了体系架构层级、火力密度、射程、杀伤链闭合时间等要素在体系中的关键作用，而这些关键作用不仅在前文的体系研究中得到了充分验证，也在历次实战中得到了充分验证。美军以战术战斧 Block IV 为代表的第二代巡航导弹作战体系针对这些要素进行针对性的最优设计，具有体系架构层级简单、火力密度大、射程远，并且

杀伤链闭合时间短的优势，进而得到了非常高的体系效率，而第一代巡航导弹作战体系的体系效率值较低，作战流程较为复杂、作战筹划时间较长、链条较长、效率不高、能力不足。飞航体系作战能力提升、飞航体系各项建设要充分按照时空特性的要求，要遵从体系效率、体系功率公式的本质设计要求，以提高体系性能，提高体系功率、体系效率值为目标，促进飞航体系建设并牵引飞航装备发展。

第七章

弹道导弹作战体系效率的运用分析

本章主要以美国和苏/俄的地地战术弹道导弹作为研究对象，按照年代背景、设计思路和技术特征对其进行划代，逐代阐释体系效率公式在其典型装备上的综合体现和运用规律。从美国和苏/俄地地弹道导弹武器发展的特点和规律看，第一代选取"红石"、SS-1和SS-2，第二代选取"长矛"和"飞毛腿"，第三代选取"潘兴-1""潘兴-2"、SS-20和SS-23，第四代选取"陆军战术导弹系统"（ATACMS）和SS-26"伊斯坎德尔"，第五代选取"精确打击导弹"（PrSM）和高超声速反舰导弹"锆石"。

根据两个国家的技术发展情况，以及地地弹道导弹武器系统的作战使用特点，本章以一个导弹营作为基本单位。为了计算方便，我们按照从营到架的体系层级来计算体系层级，按照一个营的特种车辆数量来计算体系规模。

第一节 美国地地弹道导弹作战体系效率运用分析

美国地地弹道导弹作战体系效率与美国地地弹道导弹武器的系统功率、体系层级和装备规模密切相关。美国前两代地地弹道导弹的作战体系效率并不高，但是随着冷战军备竞赛进程的不断深入，从第三代地地弹道导弹开始呈现指数级升高。这是美国地地弹道导弹作战体系效率不同代际比较的具体体现。

一、第一代地地弹道导弹作战体系效率

20世纪四五十年代，美国在争夺德国火箭专家与配件产品等方面抢得先机，率先实现了对德国V-2导弹的核心技术掌握与逆向工程。在这一时期，美国相继成立了"制导导弹武器委员会"（GMC）、导弹飞行靶场和试验鉴定规范。至此，美国第一代地地弹道导弹基本实现了从无到有的发展阶段，具有射前准备时间长、战地操作复杂、制导系统精度低、导弹体积大、成本造价高等特点，代表型号是"红石"导弹。

在体系架构上，美国第一代地地弹道导弹主要是对德国V-2导弹进行了

模仿和照搬，并且参考了第二次世界大战期间各国对于火炮类远程作战武器的指挥模式。"红石"导弹服役后，美军将其直接分配给了驻扎在德国的第40野战炮兵营，此后又相继装备了三个营，均配备给了陆军。每个"红石"导弹营下设有两个导弹连、一个军械连和一个工兵连。每个导弹连下设有发射排、加注排、测试排等，如图7-1所示。

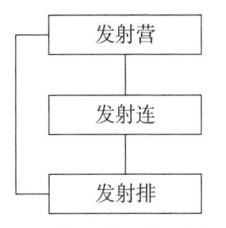

在体系规模上，美国第一代地地弹道导弹仍是以德国V-2导弹为参考，在对导弹技术消化吸收的基础上，发展本土化的地地弹道导弹武器系统。受限于当时的技术水平，"红石"导弹采用液体火箭发动机，发射之前需要开展加注燃料、测量方位、测试设备、诸元装定等工序。每个"红石"导弹营由600~800人组成，配备两部发射架，约18部特种车辆。

图7-1 美国第一代地地弹道导弹典型体系架构层级

在系统功率上，美国第一代地地弹道导弹"红石"的最大射程为480 km，每个导弹营火力密度为2，射前准备约70 min，导弹飞行时间5.4 min。按照系统功率公式计算，美国第一代地地弹道导弹武器系统功率为12.7。

在体系效率上，美国第一代地地弹道导弹"红石"作战体系层级为3，全营特种车辆的规模为18。按照体系效率公式计算，美国第一代地地弹道导弹武器体系效率为0.24，如表7-1所示。

表7-1 美国第一代地地弹道导弹体系效率计算结果

代际	国别	型号	火力密度	最大射程	准备时间	飞行时间	系统功率	体系层级	装备规模	体系效率
第一代	美国	红石	2	480 km	70 min	5.4 min	12.7	3	18	0.24

二、第二代地地弹道导弹作战体系效率

20世纪五六十年代，美国加强了对地地弹道导弹武器的投入，专门成立了陆军弹道导弹局，在复原仿制的基础上开展"技术再创造"工程，实现了从低到高技术再提升的发展阶段。美国第二代地地弹道导弹采用了可贮存液体推进剂、简易惯导系统和机动车倾斜发射等技术，突出了导弹的灵活性、机动性和打击精度，代表型号是"长矛"导弹。

在体系架构上，美国第二代地地弹道导弹不再是对V-2导弹的简单模仿，而是逐渐形成了自己的指挥特色。根据"长矛"导弹机动性好、操作简便、发射准备时间短的特点，以营为单位进行配置，每个导弹营设有2~3个

连，每个导弹连配有2部导弹发射车，体系层级为3级，如图7-2所示。

在体系规模上，美国第二代地地弹道导弹由于采用了预封装液体火箭发动机技术，不需要提前加注，因此在操作程序方面大为简化。在导弹进入预设阵地后，随即开展拆除尾罩、安装尾翼、瞄准和测试等准备工作，导弹即可发射。每个"长矛"导弹营包含的特种车辆约5种，规模为15部。

图7-2　美国第二代地地弹道导弹典型体系架构层级

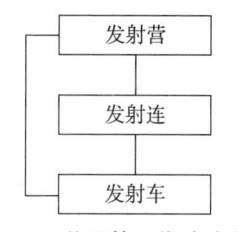

在系统功率上，美国第二代地地弹道导弹"长矛"最大射程为120 km，每个导弹营火力密度为6，射前准备时间约30 min，导弹飞行时间3 min。按照系统功率公式计算，美国第二代地地弹道导弹武器系统功率为21.8。

在体系效率上，美国第二代地地弹道导弹"长矛"作战体系层级为3，全营特种车辆的规模为15。按照体系效率公式计算，美国第二代地地弹道导弹武器体系效率为0.48，如表7-2所示。

表7-2　美国第二代地地弹道导弹体系效率计算结果

代际	国别	型号	火力密度	最大射程	准备时间	飞行时间	系统功率	体系层级	装备规模	体系效率
第二代	美国	长矛	6	120 km	30 min	3 min	21.8	3	15	0.48

三、第三代地地弹道导弹作战体系效率

20世纪七八十年代，在同苏联开展军备竞争的过程中，美国将资源向空中和海上装备倾斜，陆军逐渐被边缘化。为了扭转这个局面，美国陆军开启了中远程弹道导弹研制计划，陆军弹道导弹局也更名为陆军战略导弹局。美国第三代地地弹道导弹采用了固体火箭发动机和新型制导系统，在弹体尺寸和重量降低的条件下，射程大幅增加，而发射准备时间大幅缩短，生存性和作战使用灵活性大幅提高，成为能够实战化使用的导弹武器，代表型号为"潘兴-1""潘兴-2"导弹。

在体系架构上，美国第三代地地弹道导弹考虑到核武器的作战指挥特点，具有和平和战时两种模式。在和平时期，"潘兴"导弹以营为基本单元，每个导弹营下设3个发射连、1个指挥连和1个勤务连，每个发射连设有3个发射排，每个排配备3个导弹发射架；在战争时期，美国中央陆军集团军司令部可通过军用发控网直接向发射排下达发射指令，不需要再层层传递，如图7-3所示。

在体系规模上，美国第三代地地弹道导弹因为采用了固体火箭发动机、预定目标存储、自动化测试等技术手段，射前准备工作大幅简化。一个"潘兴－1"导弹营火力密度可达27枚，特种车辆数量为243部。

在系统功率上，美国第三代地地弹道导弹"潘兴－1"最大射程为740 km，每个导弹营火力密度为27，射前准备时间约15 min，导弹飞行时间12 min；"潘兴－2"导弹最大射程为1 800 km，每个导弹营火力密度为27，射前准备时间约5 min，导弹飞行时间20 min。按照系统功率公式计算，美国第三代地地弹道导弹武器系统功率分别为740和1 944，平均值为1 342。

图7－3 美国第三代地地弹道导弹典型体系架构层级

在体系效率上，美国第三代地地弹道导弹"潘兴"作战体系层级为2，全营特种车辆的规模分别为243和108。按照体系效率公式计算，美国第三代地地弹道导弹武器体系效率分别为1.5和9，平均值为5.3，如表7－3所示。

表7－3 美国第三代地地弹道导弹体系效率计算结果

代际	国别	型号	火力密度	最大射程	准备时间	飞行时间	系统功率	体系层级	装备规模	体系效率
第三代	美国	潘兴－1	27	740 km	15 min	12 min	740	2	243	1.5
		潘兴－2	27	1 800 km	5 min	20 min	1 944	2	108	9

四、第四代地地弹道导弹作战体系效率

20世纪90年代以后，信息化军事革命对地地弹道导弹武器发展产生了深远影响，美国第四代地地弹道导弹采用新型固体发动机、全球导航系统辅助制导体制、多种类战斗部、与陆军火箭炮发射车通用等技术途径，进一步增强实战能力，主要代表是"陆军战术导弹系统"（ATACMS）导弹。

在体系架构上，美国第四代地地弹道导弹依然按照标准陆军建制配备。ATACMS导弹以连为作战单位，每个导弹连配备19辆发射车，每辆发射车装载2枚导弹，如图7－4所示。

在体系规模上，美国第四代地地弹道导弹由于采用了诸多新技术手段，并且实现了地面设备通用化设计。因此，在体系规模上进行了进一步精简。每个ATACMS导弹营的火力密度为76，特种车辆数量为80部。

在系统功率上，美国第四代地地弹道导弹 ATACMS 最大射程为 300 km，每个导弹营火力密度为 76，射前准备时间约 5 min，导弹飞行时间 4 min。按照系统功率公式计算，美国第四代地地弹道导弹武器系统功率为 2 533。

在体系效率上，美国第四代地地弹道导弹 ATACMS 作战体系层级为 2，全营特种车辆的规模为 80 辆。按照体系效率公式计算，美国第四代地地弹道导弹武器体系效率为 15.8，如表 7-4 所示。

图 7-4 美国第四代地地弹道导弹典型体系架构层级

表 7-4 美国第四代地地弹道导弹体系效率计算结果

代际	国别	型号	火力密度	最大射程	准备时间	飞行时间	系统功率	体系层级	装备规模	体系效率
第四代	美国	ATACMS	76	300 km	5 min	4 min	2 533	2	80	15.8

五、第五代地地弹道导弹作战体系效率

2017 年，美国提出大国竞争战略，陆军提出"多域作战"概念，并牵引新型武器装备的发展和研制。在此基础上，陆军加快了对第五代地地弹道导弹的研发进度，在"远程精确火力"（LRPF）计划的指引下，提出用 PrSM 导弹全面替代 ATACMS 导弹，以满足美国陆军对未来作战的需要。

在体系架构上，美国第五代地地弹道导弹依然按照标准陆军建制配备。PrSM 导弹就是 ATACMS 导弹的升级版，因此沿用了 ATACMS 导弹的指挥系统，存在平时和战时两种模式，如图 7-5 所示。

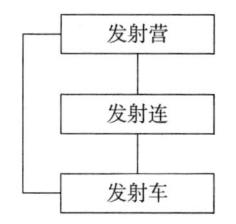

在体系规模上，美国第五代地地弹道导弹由于技术的发展，实现了进一步精简，但基本与 ATACMS 相差不大。根据估算，每个 PrSM 导弹营的火力密度为 152，特种车辆数量为 80 部。

图 7-5 美国第五代地地弹道导弹典型体系架构层级

在系统功率上，美国第五代地地弹道导弹 PrSM 的最大射程为 800 km，每个导弹营火力密度为 152，射前准备时间约 5 min，导弹飞行时间 12.5 min。按照系统功率公式计算，美国第五代地地弹道导弹武器系统功率为 6 949。

在体系效率上，美国第五代地地弹道导弹 PrSM 作战体系层级为 2，全营特种车辆的规模为 80 辆。按照体系效率公式计算，美国第五代地地弹道导

武器体系效率为43.4。如表7-5所示。

表7-5　美国第五代地地弹道导弹体系效率计算结果

代际	国别	型号	火力密度	最大射程	准备时间	飞行时间	系统功率	体系层级	装备规模	体系效率
第五代	美国	PrSM	152	800 km	5 min	12.5 min	6 949	2	80	43.4

六、美国各代际地地弹道导弹作战体系效率比较分析

美国各代际地地弹道导弹体系效率计算结果如表7-6和图7-6所示。

表7-6　美国各代际地地弹道导弹体系效率计算结果

代际	国别	型号	火力密度	最大射程	准备时间	飞行时间	系统功率	体系层级	装备规模	体系效率
第一代	美国	红石	2	480 km	70 min	5.4 min	12.7	3	18	0.24
第二代	美国	长矛	6	120 km	30 min	3 min	21.8	3	15	0.48
第三代	美国	潘兴-1	27	740 km	15 min	12 min	740	2	243	1.5
第三代	美国	潘兴-2	27	1 800 km	5 min	20 min	1 944	2	108	9
第四代	美国	ATACMS	76	300 km	5 min	4 min	2 533	2	80	15.8
第五代	美国	PrSM	152	800 km	5 min	12.5 min	6 949	2	80	43.4

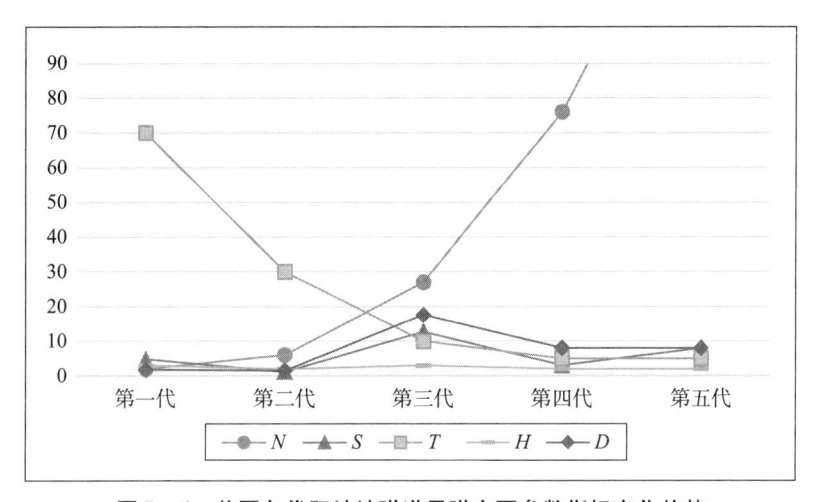

图7-6　美国各代际地地弹道导弹主要参数指标变化趋势

分析美国各代际地地弹道导弹作战体系效率计算结果，可以得出以下

结论：

（1）美国地地弹道导弹的火力密度逐代上升，在选取一个导弹营作为基本单位的前提下，火力密度从 2 提升到了 152，增加了 70 多倍，反映出美国重视地地弹道导弹的威力及火力密集的提升。这项指标与导弹系统功率和体系效率的变化趋势相同。

（2）美国地地弹道导弹的最大射程呈现反复变化趋势，主要是由于美军在不同历史时期对地地弹道导弹武器作战认识不一样，以及根据战略对手和作战任务不同所进行的调整，在其他因素制约的条件下，不对系统功率和体系效率的变化趋势造成根本性的影响。

（3）美国地地弹道导弹的准备时间逐代下降，主要得益于科技水平的进步，以及对实战化设计的深入理解，反映出美国对于地地弹道导弹机动性、灵活性、生存能力的重视。这项指标与导弹系统功率和体系效率的变化趋势相反。

（4）美国地地弹道导弹的体系层级呈下降趋势，反映出美国通过对地地弹道导弹武器的部署和使用，逐渐加强对地地弹道导弹战场优先级和装备地位的重视。这项指标同导弹系统功率和体系效率的变化趋势相反。

（5）美国地地弹道导弹的体系规模呈现反复变化趋势，主要是受设计能力和科技水平影响较大，在其他因素制约的条件下，不对系统功率和体系效率的变化趋势造成根本性的影响。

综合上述分析可知，美国主要通过提高火力密度、减小准备时间、压缩体系层级等技战术途径来提升地地弹道导弹武器的系统功率和体系效率。

第二节　苏/俄地地弹道导弹作战体系效率运用分析

苏/俄地地弹道导弹作战体系效率与美国地地弹道导弹武器的系统功率、体系层级和装备规模密切相关。受科技水平的制约，苏/俄前三代地地弹道导弹的作战体系效率并不高，但是随着苏/俄对地地弹道导弹的重视程度不断增加，从第四代开始呈现指数级升高。这是苏/俄地地弹道导弹作战体系效率不同代际比较的具体体现。

一、第一代地地弹道导弹作战体系效率

20 世纪四五十年代，苏/俄在火箭科学理论方面远远走在了美国前面，其领导人很早就认识到火箭将对未来战争产生不可估量的影响，全国上下发起了对火箭技术的研究热潮。此外，再加上"喀秋莎"火箭弹武器在战场上的优

异表现，苏/俄对发展地地弹道导弹武器极为重视，并因此制定了"倾全国之力优先发展导弹"的国防战略。苏/俄抽调了全国的专家队伍，在获得 V-2 导弹技术信息较为有限的条件下，实现了技术消化和装备复原。苏/俄第一代地地弹道导弹具有射前准备时间长、战地操作复杂、制导系统精度低、导弹体积大、造价高等特点，代表型号有 SS-1"斯格纳"和 SS-2"同胞"导弹。

苏/俄第一代地地弹道导弹在体系架构上，主要是对德国 V-2 导弹的模仿和照搬，但是在指挥作战方面，不同于美国将其归属于陆军的做法，苏/俄在 1946 年 5 月的部长会议上通过了成立导弹部队的决议。SS-1、SS-2 先后装备了最高统帅部预备队第 22、第 23 旅。每个 SS-1、SS-2 导弹营下设有三个导弹连，每个导弹连下设有发射排、加注排、测试排等，如图 7-7 所示。

图 7-7 苏/俄第一代地地弹道导弹典型体系架构层级

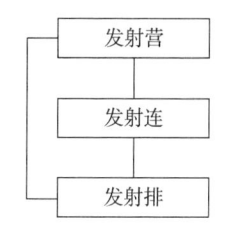

苏/俄第一代地地弹道导弹在体系规模上，与德国 V-2 导弹基本相同，发射前需要完成加注燃料、定位测量、调整射向、数据装定、检查测试等一套复杂流程。因此，每个导弹营的保障车辆种类包括运输车、起吊车、加注车、牵引车、检测车、发电车、指挥车、生活车等，数量约 20 部。

在系统功率上，苏/俄第一代地地弹道导弹 SS-1 最大射程为 270 km，每个导弹营火力密度为 3，射前准备时间约 90 min，导弹飞行时间 4.5 min；SS-2 导弹最大射程为 600 km，每个导弹营火力密度为 3，射前准备时间约 90 min，导弹飞行时间 7.4 min。按照系统功率公式计算，苏/俄第一代地地弹道导弹武器系统功率分别为 8.6 和 18.5，平均值为 13.5。

在体系效率上，苏/俄第一代地地弹道导弹 SS-1 和 SS-2 作战体系层级皆为 3，全营特种车辆的规模皆为 20。按照体系效率公式计算，苏/俄第一代地地弹道导弹武器体系效率分别为 0.14 和 0.31，平均值为 0.22，如表 7-7 所示。

表 7-7 苏/俄第一代地地弹道导弹体系效率计算结果

代际	国别	型号	火力密度	最大射程	准备时间	飞行时间	系统功率	体系层级	装备规模	体系效率
第一代	苏/俄	SS-1	3	270 km	90 min	4.5 min	8.6	3	20	0.14
		SS-2	3	600 km	90 min	7.4 min	18.5	3	20	0.31

二、第二代地地弹道导弹作战体系效率

20世纪五六十年代，苏/俄在技术复原基础上再次对V-2导弹进行深入改造，并且加上了自身对于地地弹道导弹武器在作战方面的认识，苏/俄第二代地地弹道导弹开始向实际作战方向转变，在动力系统、制导控制、地面设备等方面做出了诸多改进，主要代表型号为"飞毛腿"导弹。

在体系架构上，苏/俄第二代地地弹道导弹开始逐渐形成自己的作战指挥特色。1959年12月，苏联正式成立战略火箭军，由专属编配的导弹师和导弹旅组成。按照苏联军事理论，洲际导弹一般按导弹旅组建，中程导弹一般按导弹团组建，而导弹营有时可作为最小作战单元与发射架相连，有时则还需下设发射连，如图7-8所示。"飞毛腿"导弹营下设有发射连，与导弹发射架直接相连，相较于美国的层级，它更加精简。

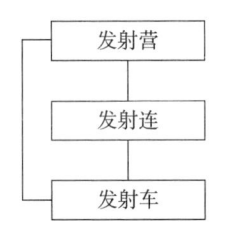

图7-8 苏/俄第二代地地弹道导弹典型体系架构层级

在体系规模上，苏/俄第二代地地弹道导弹由于同样掌握了液体推进剂预封装技术，"飞毛腿"导弹真正成为一款可以实际作战的武器。但是由于在技术上落后于美国，其仍存在精度差、发射准备时间长、地面设备复杂等特点，每个营的特种车辆主要有运输起竖发射车、测量车、指挥车、电源车、加注车、测试车、消防车等约20部。

在系统功率上，苏/俄第二代地地弹道导弹"飞毛腿"最大射程为130 km，每个导弹营火力密度为12，射前准备时间约60 min，导弹飞行时间3.3 min。按照系统功率公式计算，苏/俄第二代地地弹道导弹武器系统功率为24.6。

在体系效率上，苏/俄第二代地地弹道导弹"飞毛腿"作战体系层级为3，全营特种车辆的规模为20。按照体系效率公式计算，苏/俄第二代地地弹道导弹武器体系效率为0.41，如表7-8所示。

表7-8 苏/俄第二代地地弹道导弹体系效率计算结果

代际	国别	型号	火力密度	最大射程	准备时间	飞行时间	系统功率	体系层级	装备规模	体系效率
第二代	苏/俄	飞毛腿	12	130 km	60 min	3.3 min	24.6	2	20	0.41

三、第三代地地弹道导弹作战体系效率

20世纪七八十年代,苏/俄地地弹道导弹武器发展进入巅峰期,在同美国的核军备竞赛中,占据了优势地位。苏/俄第三代地地弹道导弹采用固体发动机、机动发射方式,具有生存能力强、投掷质量大、射程显著增加、命中精度进一步提高等特点,主要代表型号为SS-23"奥卡"和SS-20"先锋"导弹。

在体系架构上,苏/俄第三代地地弹道导弹对指挥作战结构进行了进一步调整。按照苏联军事理论,射程小于1 000 km的地地战役导弹、射程在150~1 000 km范围内的战役战术导弹、射程小于150 km的战术导弹被编入陆军。苏军的每个陆军师都编有1个导弹营,营下设立导弹连,导弹连又设有导弹排,如图7-9所示。

图7-9 苏/俄第三代地地弹道导弹典型体系架构层级

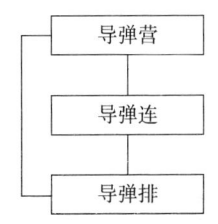

在体系规模上,苏/俄第三代地地弹道导弹由于技术水平和自动化程度相对落后,尽管在导弹装备上同美国属于相同代际,但是在装备规模上仍存在较大差距。这也是苏/俄将导弹射程和威力作为突破点优先发展以弥补技术不足的主要原因。一个SS-23或SS-20导弹营的火力密度为20,特种车辆数量为200辆。

在系统功率上,苏/俄第三代地地弹道导弹SS-23最大射程为500 km,每个导弹营的火力密度为20,射前准备时间约10 min,导弹飞行时间6.7 min;SS-20导弹最大射程为4 400 km,每个导弹营火力密度为20,射前准备时间约15 min,导弹飞行时间26.7 min。按照系统功率公式计算,苏/俄第三代地地弹道导弹武器系统功率分别为599和2 110,平均值为1 654。

在体系效率上,苏/俄第三代地地弹道导弹SS-23作战体系层级为3,全营特种车辆的规模为200;SS-20导弹作战体系层级为2,全营特种车辆的规模为200辆。按照体系效率公式计算,苏/俄第三代地地弹道导弹武器体系效率分别为1.0和5.3,平均值为3.2。如表7-9所示。

表7-9 苏/俄第三代地地弹道导弹体系效率计算结果

代际	国别	型号	火力密度	最大射程	准备时间	飞行时间	系统功率	体系层级	装备规模	体系效率
第三代	苏/俄	SS-23	20	500 km	10 min	6.7 min	599	3	200	1.0
		SS-20	20	4 400 km	15 min	26.7 min	2 110	2	200	5.3

四、第四代地地弹道导弹作战体系效率

20世纪90年代以后，受国际环境、军控条约和资金匮乏等影响，苏/俄地地弹道导弹武器发展速度大幅减缓。在吸取苏联时期战役战术导弹武器领域积累的丰富经验和技术成果的基础上，开始向常规精确打击方向发展，苏/俄第四代地地弹道导弹的主要特点包括生存能力强、打击精度高、火力密度高，可换装多种类战斗部，打击不同种类目标，主要代表型号为SS-26（"伊斯坎德尔"）导弹。

苏/俄第四代地地弹道导弹在体系架构上，基于射程，"伊斯坎德尔"导弹被编入陆军，属于部署在陆军军内的导弹部队。"伊斯坎德尔"导弹以连为基本作战单元，包括10辆运输发射车，以及若干装弹车、指挥控制车、任务计划车、维护车和勤务车等，如图7-10所示。

图7-10 苏/俄第四代地地弹道导弹典型体系架构层级

在体系规模上，苏/俄第四代地地弹道导弹重视导弹武器的快速发射和机动能力，自动化和信息化程度大幅提升，因此在体系规模上大幅精简。每个"伊斯坎德尔"导弹营的火力密度为60，特种车辆数量为78辆。

在系统功率上，苏/俄第四代地地弹道导弹"伊斯坎德尔"最大射程为480 km，每个导弹营火力密度为60，射前准备时间约8 min，导弹飞行时间4 min。按照系统功率公式计算，苏/俄第二代地地弹道导弹武器系统功率为2 400。

在体系效率上，苏/俄第四代地地弹道导弹"伊斯坎德尔"作战体系层级为2，全营特种车辆的规模为78。按照体系效率公式计算，苏/俄第四代地地弹道导弹武器体系效率为15.4，如表7-10所示。

表7-10 苏/俄第四代地地弹道导弹体系效率计算结果

代际	国别	型号	火力密度	最大射程	准备时间	飞行时间	系统功率	体系层级	装备规模	体系效率
第四代	苏/俄	伊斯坎德尔	60	480 km	8 min	4 min	2 400	2	78	15.4

五、第五代地地弹道导弹作战体系效率

2014年之后，面对北约东扩、地缘政治空间被挤压的处境，苏/俄采取"以牙还牙、以暴制暴"的反击策略，研制了大量新型导弹武器装备。在战役战术地地弹道导弹武器方面，最具有代表性的就是"锆石"高超声速反舰导弹。

在体系架构上，苏/俄第五代地地弹道导弹依然按照惯用的陆军导弹部队的建制，以连作为基本发射单元，且与发射车直接相连，如图7-11所示。

在体系规模上，苏/俄第五代地地弹道导弹的配置可参考"堡垒"岸基反舰导弹系统。经过估算，每个"锆石"导弹营的火力密度为60，特种车辆数量为60辆。

图 7-11 苏/俄第五代地地弹道导弹典型体系架构层级

在系统功率上，苏/俄第五代地地弹道导弹"锆石"最大射程为1 000 km，每个导弹营火力密度为60，射前准备时间约5 min，导弹飞行时间10 min。按照系统功率公式计算，苏/俄第五代地地弹道导弹武器系统功率为4 000。

在体系效率上，苏/俄第五代地地弹道导弹"锆石"作战体系层级为2，全营特种车辆的规模为60。按照体系效率公式计算，苏/俄第五代地地弹道导弹武器体系效率为33.3，如表7-11所示。

表 7-11 苏/俄第五代地地弹道导弹体系效率计算结果

代际	国别	型号	火力密度	最大射程	准备时间	飞行时间	系统功率	体系层级	装备规模	体系效率
第五代	苏/俄	锆石	60	1 000 km	5 min	11 min	4 000	2	60	33.3

六、苏/俄各代际地地弹道导弹作战体系效率比较分析

苏/俄各代际地地弹道导弹体系效率计算结果如表7-12和图7-12所示。

表 7-12　苏/俄各代际地地弹道导弹体系效率计算结果

代际	国别	型号	火力密度	最大射程	准备时间	飞行时间	系统功率	体系层级	装备规模	体系效率
第一代	苏/俄	SS-1	3	270 km	90 min	4.5 min	8.6	3	20	0.14
	苏/俄	SS-2	3	600 km	90 min	7.4 min	18.5	3	20	0.31
第二代	苏/俄	飞毛腿	12	130 km	60 min	3.3 min	24.6	2	20	0.41
第三代	苏/俄	SS-23	20	500 km	10 min	6.7 min	599	3	200	1.0
	苏/俄	SS-20	20	4 400 km	15 min	26.7 min	2 110	2	200	5.3
第四代	苏/俄	伊斯坎德尔	60	480 km	8 min	4 min	2 400	2	78	15.4
第五代	苏/俄	锆石	60	1 000 km	5 min	11 min	4 000	2	60	33.3

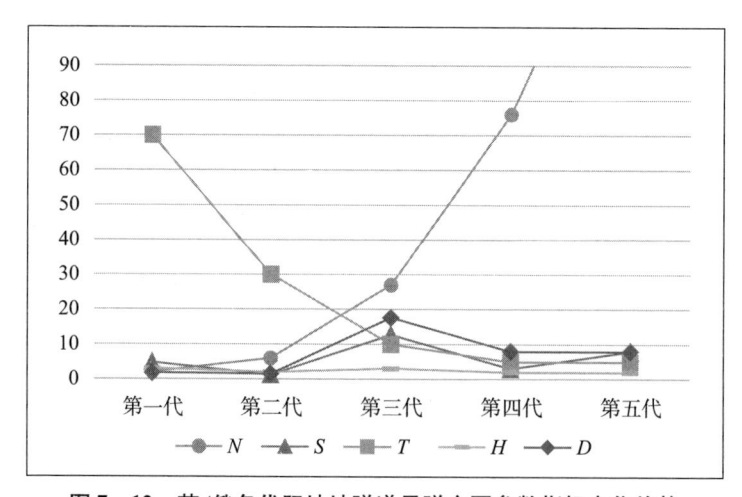

图 7-12　苏/俄各代际地地弹道导弹主要参数指标变化趋势

分析苏/俄各代际地地弹道导弹作战体系效率计算结果可以得出以下结论：

（1）苏/俄地地弹道导弹的火力密度逐代上升，在选取一个导弹营作为基本单位的前提下，火力密度从 3 提升到了 60，增加了 20 倍，反映出对火力密集提升的重视。这项指标与导弹系统功率和体系效率的变化趋势相同。

（2）苏/俄地地弹道导弹的最大射程呈现反复变化趋势，理由同美国相同，是根据战略对手和作战任务不同反复调整所导致的，在其他因素制约的条件下，不对系统功率和体系效率的变化趋势造成根本性的影响。

（3）苏/俄地地弹道导弹的准备时间逐代下降，从 90 min 下降为 5 min，减少了 18 倍，反映出对于地地弹道导弹生存能力的重视。这项指标与导弹系统功率和体系效率的变化趋势相反。

（4）苏/俄地地弹道导弹的体系层级呈反复变化趋势，反映出了其在导弹部队编制和导弹武器作战运用方式之间反复调整的情况，突出了其利用技战术结合弥补科技水平不足的设计思路，不对系统功率和体系效率的变化趋势造成根本性的影响。

（5）苏/俄地地弹道导弹的体系规模呈现反复变化趋势，主要原因是受体制编制和自动化水平的影响较大，在其他因素制约的条件下，不对系统功率和体系效率的变化趋势造成根本性的影响。

综合上述分析可知，苏/俄主要以提高火力密度、减小准备时间为主要途径来提升地地弹道导弹武器的系统功率和体系效率。

第三节 美国和苏/俄地地弹道导弹作战体系效率对比分析

美国和苏/俄都是通过提高火力密度、减小准备时间为主要途径，提高地地弹道导弹武器的体系效率。不同之处在于，美国在火力密度方面的变化率要高于苏/俄，说明美国重视地地弹道导弹的饱和打击能力，在发展路线上侧重于提高导弹作为远程精确打击武器的第一波次威力，实现威慑和重创对手的目的，符合美国提出的"五环打击理论"，以及其在历次战争中的实际表现。

苏/俄在减少准备时间方面的变化率要高于美国，这说明其重视地地弹道导弹的生存能力，在发展路线上侧重于提高导弹作为"撒手锏"的突然性和致命性，从而实现在和平时期威慑比自身强大的对手的目的，符合苏/俄在导弹规模数量及科技水平不占优的条件下，依托技战术结合，仍然能够取得较好作战效能的实际表现。

在体系层级方面，美国经历了对地地弹道导弹从不重视到重视的改变，并且建立了战时指挥模式，尽可能压缩指挥层级，提高体系效率。苏/俄始终对地地弹道导弹非常重视，视其为改变战争样式的武器，很早就建立了导弹部队，并在实战中不断优化改进，在与美国体系层级比较方面，占有优势。

第四节 综合分析与启示

从上述对美国和苏/俄地地弹道导弹各代际的分析可以看出，地地弹道导弹作战体系效率与导弹武器系统功率、体系层级和装备规模密切相关。本节列举了导弹武器系统发展、导弹作战体系发展、导弹作战体系运用、提高体系效率途径、体系效率模型意义这五个方面的启示，仅供参考借鉴。

一、在导弹武器系统的发展上

从系统功率的角度讲，增加火力密度，是提高地地弹道导弹体系效率的关键。美国和苏/俄都是通过大幅增加火力密度，实现了对体系效率的快速提升。在投入兵力相等的条件下，同一时间内，若一方的火力密度明显高于另一方，则极有可能改变战场的胜负格局。此外，增加火力密度也符合地地导弹武器具有先手优势的技战术特点，"先发制人"的一方往往能不战而屈人之兵。这是从系统功率的角度，增加火力密度带给我们的启示。

二、在导弹作战体系的发展上

从体系效率的角度讲，压缩层级 H 和规模 D，是提高地地弹道导弹体系效率的次要因素。美国和苏/俄都是通过压缩层级 H 和规模 D，实现了对体系效率的逐代提升。压缩层级 H 和规模 D，直接导致了导弹武器的反应速度和机动能力，在双方火力密度基本相同的条件下，层级和规模更少的一方将直接获得先发优势，能够快速实施首波次打击，而挨打的一方则有可能失去战争的主动性。这是从体系效率的角度分析压缩层级 H 和规模 D 带给我们的启示。

三、在导弹作战体系的运用上

充分发挥体系效率的优势是指挥员指挥部队作战的必备素质。如何在战场上发展地地弹道导弹体系效率的优势，通过提高火力密度、压缩体系层级和体系规模、缩短准备时间等措施，从而进一步优化部队的体制、改进工作的流程、增加自动化设备、提高发射架数量等，如美军在平时指挥层级繁杂，但是却设有战时指挥体制，在战前设立联合司令部指挥三军作战。这是从导弹作战体系运用的角度分析如何才能充分发挥体系效率优势带给我们的启示。

四、在提高体系效率的途径上

从本国特色的角度看，美国凭借从德国获取的专家和技术资料，在地地弹道导弹武器的研究上获得了早期优势，但是由于不够重视，导致逐渐被苏/俄超越，此后又是凭借在自动化、信息化、网络化方面的优势，反超了苏/俄。反观苏/俄，由于长期以来对地地弹道导弹十分重视，制定了"倾全国之力优先发展导弹"战略，在地地弹道导弹研制方面呈现出型号种类多样、技术手段丰富、成果积累扎实、人才队伍济济的特点，即使在解体以后，依然能够快速形成齐备的研制队伍和完整的工业配套，因此在第四代和第五代装备上不弱于美国。此外，苏/俄还利用技战术结合来弥补技术劣势。这是从本国特色的角度分析，带给我们的启示。

五、在体系效率模型的意义上

从指导开展体系设计工作的角度看，这是将复杂问题转化为简单问题、从一团乱麻中梳理出线头的过程体现，是在世间各类体系协调运转，蕴含着大道至简的本质体现，还是指导当前我国开展国防体系建设、打造新一代装备体系、实现成为世界一流军队目标的方式方法的体现。

第八章
空空导弹作战体系效率的运用

利用前文所述的导弹作战体系效率理论，本章对空对空作战体系效率运用进行分析。先描述空战体系演变过程和代际发展变化，在此基础上，结合不同实战战例，对不同代际空战体系效率进行分析。再通过量化比较不同代际空空导弹、不同战斗机平台，以及有无预警机等因素下的体系效率变化，对空战体系效率展开综合分析。

第一节 空战体系演变与划代

空中作战指的是敌对双方运用各自的空中武装力量，以航空空间为主要战场进行的战争，通常由空军或以空军为主。空中作战以毁伤敌方空中力量、夺取（或保持）制空权为核心作战目标。其具体定义为：空中作战是指为赢得和保持所需的空中优势，运用飞机、空空导弹、空地导弹和电子战系统等，为打击那些有效利用天空对我方构成威胁的敌方目标，而实施的进攻或防御行动。经过战争的检验，空中作战业已形成了较为固定的模式，有着明显的特点。如无特殊说明，本章研究的空战体系特指空对空作战体系。

迄今为止，世界空战已经走过近100多年，最早可追溯到1915年。受武器装备及技术限制，早期空战以对地轰炸为主：二战期间，德国发动"海狮"行动，重点轰炸英国首都伦敦；英国则大规模采用监视、监听、雷达等多种手段，对空袭进行早期预警，用于引导战斗机和地面防空系统作战，成为现代防空作战体系和空战体系的起源。在体系的支持下，英军在战斗机数量不占优势的情况下，通过合理作战规划，大幅提高了行动效率，有效地阻滞了德军的轰炸行动，并使德国空军损失惨重。

在100余年的发展历程中，随着空战需求的深入和新技术应用的推动，制空作战体系和组成形态产生了多次的更迭和变化，并逐渐形成了一个较为完备的空战体系架构，从体系代际上看，其主要可划分为三代。

一、第一代空战体系

早期制空作战使用第一代战斗机作为飞行平台,飞行员通过目视或使用瞄准具进行瞄准,飞行员操纵飞机进行占位后,使用机枪/机炮等武器攻击对手,空战范围集中 2~3 km 的空域。在这一时期,利用角度准则获取更有利的空间占位成为获取胜利的关键因素。体系构成主要为一代战斗机+机枪/机炮。严格来说,这一阶段的体系还不能称为空战体系,而是空战体系发展的雏形阶段,作战形态主要依赖飞行员孤胆英雄式的单打独斗对决。

空空导弹出现打破了原有空战要素的形态。相对于机枪/机炮,空空导弹具有更远射程和精确制导能力,依托战斗机连续波雷达的制导,空空导弹的攻击距离扩大到 30~40 km 的范围,使机枪/机炮的作战能力被大幅制约。基于国土防空的需要,地面预警雷达可作为信息感知手段,与战斗机、空空导弹协同作战进一步拓展空战范围,提升作战能力。20 世纪 60 年代,我国依靠地面雷达引导,成功运用 J-6 飞机击落入侵我国的美军 F-4 飞机,态势信息的优势初步显现。地面雷达+一/二代战斗机+空空导弹成为第一代空战体系的核心构成要素,三者协同作战也促进了空战体系的初步形成。

第一代空战体系的特征表现为:①以战斗机平台为中心;②地面雷达融入空战体系;③空战以近距格斗为主。其 OODA 循环过程如图 8-1 所示。

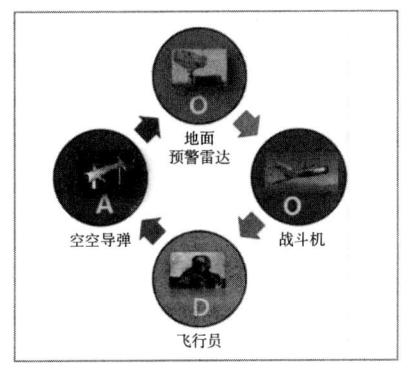

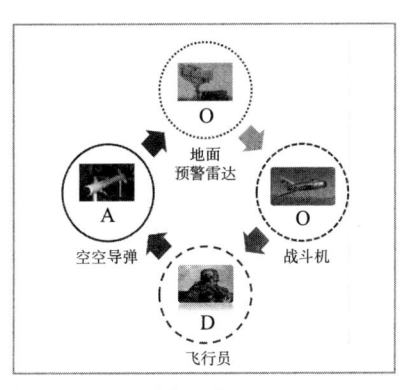

图 8-1 第一代空空作战体系的 OODA 循环过程

二、第二代空战体系

随着预警机等态势感知和空中指挥手段的发展，机载脉冲多普勒雷达目标探测能力的提升以及中远距空空导弹的发展使用，空战范围拓宽到 500 ~ 600 km。原有的依靠地面雷达信息感知的空战体系已经不能满足空战扩域的要求。在这一阶段，空战体系的形态主要表现为预警机等进行态势感知，战斗机接收预警机信息进行目标的精确瞄准，利用近距/中远空空导弹进行目标的打击。因此该阶段空战体系构成为预警机 + 三代战斗机 + 三/四代空空导弹 + 电子战飞机。在装备层面：预警机成为空中预警机/指挥/控制中心，机载火控雷达成为战机远距探测/跟踪目标的重要手段，态势感知能力成为与战机机动能力并重的关键因素。在作战形态方面：超视距空战成为空战主要形式，抗干扰成为决定胜负尤为重要的一项能力需求。第二代空战体系特征表现为：①预警机成为空战体系核心，提供的态势级信息能够快速引导战斗机火控雷达截获目标；②机载火控雷达和超视距空空导弹技术成熟，空战从视距内交战向超视距转变；③态势感知成为空战制胜的关键因素；④干扰与抗干扰成为永恒主题。

与空战体系的起源阶段相比，第二代空战体系已经由战斗机之间的对抗演变为以预警机为代表的大型飞机形成预警/指挥/控制中心，以战斗机为作战平台，辅以电子战飞机等多种飞机编队的体系与体系之间的综合化攻防对抗。第二代空战体系的 OODA 循环过程如图 8-2 所示。

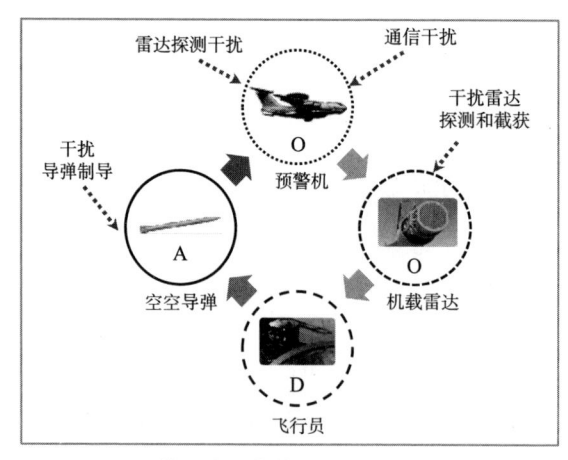

图 8-2 第二代空战体系的 OODA 循环过程

三、第三代空战体系

隐身技术的出现严重压缩了预警机、机载雷达以及空空导弹的探测和攻击范围，造成了信息感知和武器攻击的失能。图 8-3 给出了隐身和非隐身战斗机对信息感知距离的影响。针对此种情况，在提升机载雷达隐身目标探测能力的同时，反隐身空空导弹也应运而生。伴随各项能力的提升，第三代空战体系逐渐成熟，形成了预警机+隐身战斗机+反隐身空空导弹+电子战飞机的空战体系形态，同时网络技术、协同技术迅速发展，将空战各单元形成了一个更为紧密的体系。隐身战斗机与三代机相比，RCS 大幅下降，压缩了预警机、机载雷达、空空导弹的探测距离，大幅迟滞了敌方 OODA 的观察、判断、行动时间，甚至使整个体系失能。

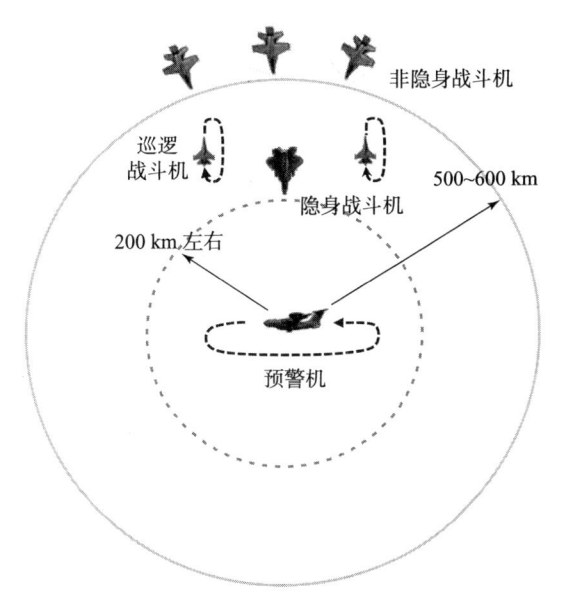

图 8-3　隐身与非隐身战斗机对作战距离的影响

第三代空战体系特征为：①预警机仍是体系的中心；②以超视距空战为主；③机间链、机弹链广泛应用。

相对于原有的空战体系，第三代空战体系中的战场透明度大幅下降，战场电磁环境进一步复杂。空中对抗对武器装备的敏捷性和机动性要求更高，同时反隐身成为维系体系生存的核心能力。图 8-4 从 OODA 循环的角度描述了第三代空战体系典型作战环节。

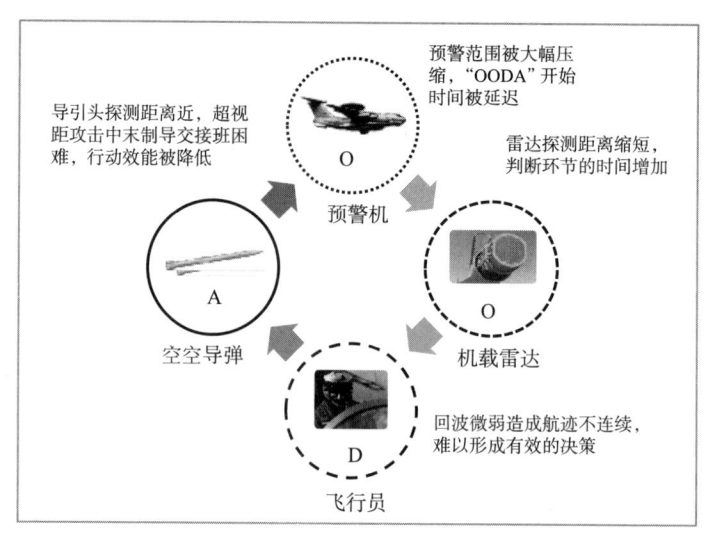

图 8-4　隐身战斗机对空战体系 OODA 循环的影响

第二节　第一代空战体系效率分析

按照 OODA 循环过程，在第一代空空作战体系中，地面预警雷达充当态势信息感知，战斗机在地面雷达的引导下对目标进行跟踪定位，飞行员结合战斗机对目标的定位情况，下发导弹作战指令，最后由空空导弹完成对目标的打击任务。

由此可见，第一代空战体系的核心构成要素有：地面预警雷达、第一/二代战斗机、第一/二代空空导弹。地面预警雷达站、指挥所、战斗机编队成为体系的基本实体要素和作战单元，一/二代空空导弹成为体系的核心武器。体系架构关系，如图 8-5 所示。

基于第七章提出的体系效率理论，本节结合 20 世纪六七十年代美越双方多次发生的空中力量对抗过程，选取 1967 年越南战争中的一场典型对抗战例，计算双方的体系效率，从效率角度分析影响空战最终结果的原因。

1967 年 6 月 5 日下午，越军地面指挥所命令嘉林机场起飞米格-17 战斗机。越军四架米格-17 编队，进入高度为 5 000 m 的预定战区，与美军 F-4C 四机编队遭遇，越 2 号机被美机迎头发射的 2 枚"麻雀"导弹击落，如图 8-6 所示。

在该战例中，越军装备的米格-17 机载雷达探测距离仅有 10 km，携带 4 枚采用尾追攻击方式射程为 4 km 的空空导弹；美军装备的 F-4C 机载雷达探

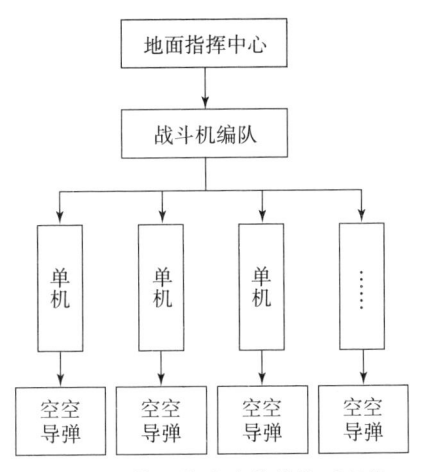

图 8-5 第一代空空作战体系架构

图 8-6 F-4C 战斗机

测距离为 12 km，携带 4 枚具备迎头攻击射程为 7 km 的空空导弹。从体系效率角度对比分析双方的效率高低，为简化计算过程，双方的体系循环时间以战斗机机载雷达发现目标为起点。

首先计算美军第一代空战体系效率：假定双方飞机以 0.8 马赫的速度迎头飞行，F-4C 从雷达发现目标至具备发射条件需要 10.4 s，导弹从发射至命中目标需要 11.7 s，整个体系循环时间为 22.1 s，体系层级为 4，体系数量取参战的战斗机个数为 4，因此美军的体系效率为 0.32。

对于越军而言，由于其携带的导弹采用尾后攻击方式，因此需要载机进行机动占位绕到对方尾后攻击，假定双方飞机以 0.8 马赫的速度迎头飞行，双方相距 10 km 时，越方飞机降至 4 km 高度以 0.8 马赫速度飞行，为简化计算过程，忽略飞机降高的过程；美军飞机始终以 0.8 马赫速度飞行，双方相遇时（此过程需要 20.8 s），越方飞机开始爬升以形成尾后攻击态势，忽略爬高过

163

程,假设完成占位后双方相距 4 km,越军具备发射条件。此时从导弹发射至命中目标需要 11.1 s,整个体系循环时间为 31.9 s,体系层级为 4,体系数量取参战的战斗机个数为 4,因此越军的体系效率为 0.13。

从计算过程可以看出,美军的体系效率明显优于越军。双方体系虽然在层级、作战单元数量、平台携带导弹数量方面均无差别,但在导弹射程方面出现较大差异,美军导弹射程几乎是越军导弹的 2 倍,另外,由于攻击方式不同,越军体系循环时间较长,综合这两方面的因素,美军在这次空战中的空空作战体系效率优于越军,也因此产生了 1∶0 的交换比。

而在整个越南战争中,越军和美军的战斗机交换比高达 2.3∶1(这与双方体系效率之比 31.7∶12.5 ≈ 2.5∶1 极为接近),也就是越军损失 2.3 架飞机能够击落 1 架美军战斗机,虽然这个损失比明显大于朝鲜战争时期,但是考虑到米格 – 17 和美军当时的主力 F – 4B/C 型战斗机相比已经有绝对的代差,这个战损比也可以说是相当不错的,远远胜过同样使用米格系列战斗机的中东各国。

第三节　第二代空战体系效率分析

随着预警机等态势感知和空中指挥手段的发展,原有依靠地面雷达信息感知的空战体系难以适应空战需求,由此形成了第二代空战体系,体系构成上主要包括预警机、第三代战斗机、第三/四代空空导弹、电子战飞机等。其体系架构如图 8 – 7 所示。

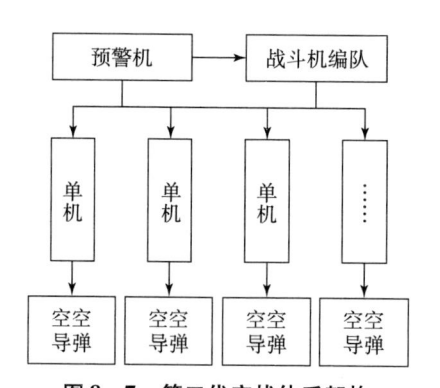

图 8 – 7　第二代空战体系架构

在这一时期的空战体系中,预警机不仅充当态势信息感知的角色,还作为空中指挥中心负责体系的指挥控制,对来自各种平台的感知信息进行融合分析,引导战斗机中队执行空战任务,第三/四代空空导弹成为该体系中的核心武器，配合作战性能更强的第三代战斗机，武器系统功率更高；考虑到以探测范围更广的预警机作为空中指挥中心，作战体系的层级相对于第一代空战体系减少一层，体系效率相较第一代有了较大幅度的提升。下面结合体系效率，对第二代空战体系典型作战实例进行分析。

一、空战实例一：贝卡谷地空战

1982年，以色列突然对邻国黎巴嫩发动代号为"加利利和平行动"的大规模入侵。在 E-2"鹰眼"预警机的引导下，以色列 F-4"鬼怪"战斗机发射"百舌鸟"反辐射导弹，摧毁了贝卡谷地的防空导弹制导雷达。在随后的空战中，叙利亚战斗机刚一起飞就被以色列 E-2C"鹰眼"预警机捕捉到，尚未正式交手便已陷入非常被动的境地，凭借战场感知能力方面的绝对优势，以军 F-15、F-16 战斗机从容占据有利位置，利用先进的"怪蛇-3"空空导弹击落叙利亚战机，最终缔造了 82:0 的空战神话，如图 8-8 所示。

图 8-8 贝卡谷地空战示意

在双方空对空作战兵力方面，叙利亚主要依赖米格-23/米格-21+R-60"蚜虫"红外空空导弹，以色列则主要依赖 F-15/F-16+"怪蛇"空空导弹+E-2C 预警机+电子战飞机。在对抗过程中，叙利亚战斗机往往刚刚滑入跑道，就会被以色列的 E-2C 捕捉到。在几秒钟内，E-2C 的电子计算机就将叙利亚飞机的航迹诸元计算出来，并将目标的距离、高度、方位、速度和其他信息迅速告知 F-15 和 F-16 战斗机。即便叙机侥幸升空临近贝卡谷地上空，也会遭到以军电子战飞机的强电磁干扰，导致叙利亚战斗机的机载雷达荧光屏上看不见以色列战斗机，半自动引导装置也不起作用，耳机里听不清地面指挥口令，空战一开始就完全处于被动地位。

在该战例中，美军装备的 F-15 机载雷达探测距离为 150 km，携带 6 枚雷达型空空导弹，导弹射程为 80 km，从体系效率角度对比分析双方的效率高低，为简化计算过程，双方的体系循环时间以战斗机机载雷达发现目标为起点。

首先计算美军第二代空战体系效率：假定双方飞机以 1.2 马赫的速度迎头飞行，F-15 从雷达发现目标至具备发射条件需要 97.2 s，导弹从发射至命中目标需要 51.3 s，整个体系循环时间为 148.5 s，体系层级为 3，体系数量为参战的战斗机、预警机和电子战飞机，数量取为 7（4+1+2），因此美军的体系效率为 0.62。

对于叙军而言，由于其战斗机遭到以军电子战飞机的强电磁干扰，导致叙机机载雷达荧光屏上看不见以机，始终不具备发射导弹的条件，即雷达的探测距离可认为被压缩至零，从而导致叙军的体系效率为零。

从上面可以看出，在以色列强大的第二代空战体系面前，叙利亚空战体系效率近乎零，这也是导致出现叙以双方战机出现 82∶0 神奇交换比的直接原因。

二、空战实例二：海湾战争

1991 年 1 月 17 日，多国部队对伊拉克发起了代号"沙漠风暴"的军事行动。在预警机、侦察机、干扰机等飞机的配合下，F-15 战斗机、F/A-18 战斗机等携带了中距空空导弹的战斗机大显神威，在开战第一天就打掉了 8 架伊拉克飞机，其中的 7 架被"麻雀"AIM-7F/M 导弹在超视距的情况下击落。

在空中兵力方面，伊军拥有包括米格-25"狐蝠"高空高速截击机、米格-29"支点"等苏制先进战斗机，以及米格-23、米格-27 和米-18 等各类作战飞机共计 770 余架。以美国为首的联军则拥有 F-14、F-15、F-16、F/A-18、F-111、F-117A、B-52、A-10、AH-64 等先进作战飞机以及各类电子战、预警机等特种作战飞机共计 1 744 架，是伊拉克的两倍有余。伊拉克作战飞机损毁机型与数量如图 8-9 所示。

第一次海湾战争期间，在双方为数不多的空对空正面对抗中，交战双方作战飞机的交换比是惊人的 33∶1，联军飞行员共击毁了 33 架伊拉克固定翼飞机，而自身只有一架 F/A-18 被伊拉克米格-25 发射的超视距导弹击落。在联军强大的体系化和信息化优势压制下，伊拉克更多的作战飞机无法起飞。

美军空中作战体系是以预警机为中心构建的三代作战体系，整个体系架构由预警机-战斗机小队-空空导弹三部分组成。典型构成要素包含 2 架 F-15C 战斗机、1 架 E-3B 预警机和若干空空导弹，体系层级为 3；每架战斗机携带 8 枚空空导弹，其中 6 枚中距弹，2 枚近距弹。根据第七章的作战体系效

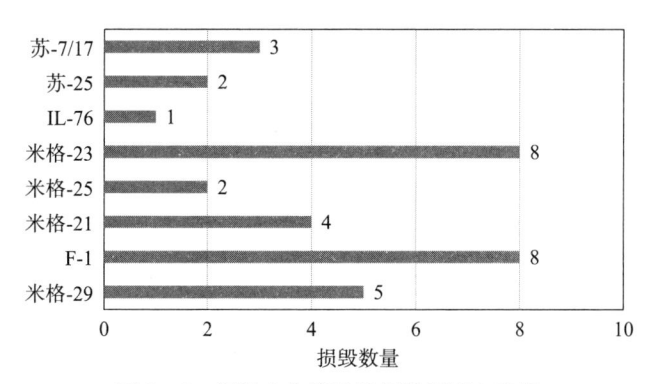

机型	损毁数量
苏-7/17	3
苏-25	2
IL-76	1
米格-23	8
米格-25	2
米格-21	4
F-1	8
米格-29	5

图8-9 伊拉克作战飞机损毁机型与数量

率公式，计算可得美军空中作战体系效率为44.4%。

伊军空中作战体系采用地面指挥所为中心的二代作战体系，整个体系架构由地基雷达-地面指挥所-战斗机小队-空空导弹四部分组成。典型构成要素包含2部预警雷达、3架米格-23战斗机、1架幻影F-1战斗机和若干空空导弹，体系层级为4；每架战斗机携带6枚空空导弹，其中4枚中距弹，2枚近距弹。根据第七章的作战体系效率公式，计算可得美军空中作战体系效率为22.2%。

在早期态势感知方面，美军以空中预警机对抗伊军地面雷达。美军的E-3B预警机能够在225海里[①]外探测到低空飞行的敌机，充分发挥其强大感知能力，引导己方战斗机在时间和空间上抢占位置，获取战术优势，反观伊方由于地面雷达态势感知距离有限，难以提前向米格-23提供目标信息，只能依靠战斗机自主感知战场态势。

在体系层级方面，美军的空中作战体系全部由空中作战单元构成，空中指挥中心可直接对单机提供态势信息，其体系层次为3；伊方的空中作战体系不仅有空中作战单元，还依赖地面雷达等要素为其提供支撑，其体系层次为4。相比较而言，美军的空中作战体系架构明显优于伊军。

在载机平台方面，美军的作战飞机以三代战斗机为其主力战机，每架飞机能携带8枚空空导弹；伊方的作战飞机以二代战斗机为主力战机，每架飞机能携带6枚空空导弹，由于双方的作战飞机存在代差，可以看出美军的作战飞机在速度、机动能力和载弹量方面均优于伊军。

综上可以看出，美军的空中作战体系在战场感知、层级、载弹量三方面均

---

① 1海里≈1.85 km。

优于伊军,尤其是在战场感知方面。因此,美军的作战体系效率对伊军形成了压倒性优势。

结合上述战例可以得到对第二代空战体系效率分析的启示具体如下:

(1) 态势感知能力是提升攻击距离(系统功率)、降低体系层级的核心要素,已成为空战决胜的关键。相较于第一代空战体系,态势感知能力取代战斗机平台的机动性成为空战的关键。首先,相较于地基雷达,第二代作战体系中的预警机体系探测距离更远,体系层级更小,进而导致体系效率提升明显;其次,先进的电子战和干扰技术能压缩对手探测距离,导致对手"看不见听不着",能最大限度降低对手体系效率,极限情况下甚至可以让对手体系效率降至零。因此,受限于态势感知能力,落败方的作战飞机往往都是刚起飞就被击落,呈现出被碾压的态势。

(2) 受武器系统功率提升的影响,超视距/全向攻击已成为主要空战样式。对于第二代空战体系,空空导弹已经成为绝对主角,机炮运用基本绝迹。对近距格斗空战,由于全向攻击能力在提升武器系统功率方面的巨大作用,属于尾后攻击的红外导弹几乎没有取得过胜利,基本依赖全向攻击导弹取胜;而对中远距空战,射程是提升武器系统功率的关键因素,超视距空战成为主要空战样式。

第四节 第三代空战体系效率分析

进入21世纪以来,随着世界上几个主要军事强国先进隐身战斗机的服役,第三代空战体系出现了。如前文所述,第三代空战体系的典型构成是:预警机+隐身战斗机+四代改空空导弹+先进电子战飞机。与第二代空战体系相比,第三代空战体系最大的区别是隐身战斗机的出现。隐身战斗机使第二代体系的OODA全面失能,包括感知失能、武器失能、看不远、打不远。随着目标飞机RCS变小,不管是预警机的预警探测雷达还是战斗机的火控雷达,其探测距离都会出现较大幅度的压缩,进而降低对手作战体系的效率,如图8-10所示。

迄今为止还没有装备先进隐身战机的第三代空战体系实际作战战例。但仍可从一些公开报道的演习结果窥探第三代空战体系顶级的效率。

示例一:2004年,F-22与装备E-3预警机的F-15战斗机实战对抗演练测试中,号称"空中望楼"的E-3在隐身效能极佳的F-22面前变成了近视眼,只能在不足50 km的距离上发现F-22,相当于让"E-3+F-15"的体系效率大幅下降了约75%,如图8-11所示。

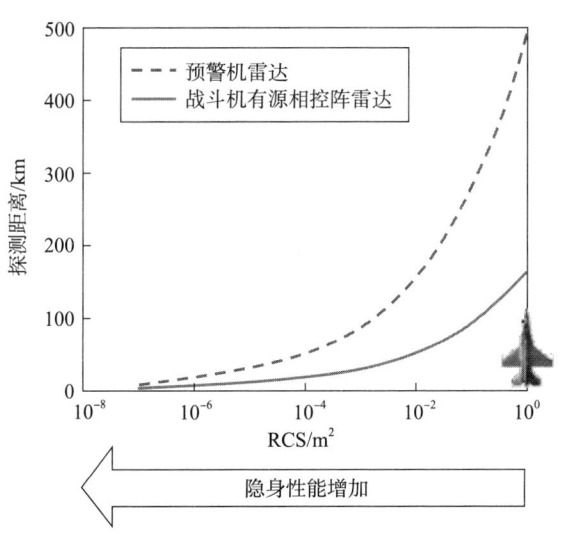

图 8-10 雷达探测距离随目标飞机 RCS 变化的影响

图 8-11 F-22 和 F-15

示例二：在 2017 年红旗军演中，F-35 战机获得了 20∶1 的好成绩。2019 年，美国空军在内利斯空军基地进行了一场大规模的"红旗-2019-1 号"演习，这是美军第二次出动 F-35，并且数量庞大：12 架 F-35 对阵 60 多架三代机群殴，双方空战激烈，最终 F-35 用强大的电子攻击致盲对手，F-35 依赖隐身和强大的电子战能力弥补了数量的不足，完成对第二代空战体系的碾压。按双方武器射程和其他支援系统完全相同分析，此次演习中双方作战体系效率之比接近 6∶1，也即三代机集群体系效率仅为 F-35 编队作战体系效率的

16.7%，如图 8-12 所示。

图 8-12　演习中的 F-35

结合上述示例可以得出对第三代空战体系效率及运用分析的启示，具体如下：

(1) 隐身是压缩对手探测距离，降低敌方体系效率的有效手段，未来空战将步入全隐身时代。对装备隐身战斗机的第三代空战体系，战场的透明度大幅下降。当作战双方形成体系代差时，体系代际落后的一方其体系效率将无限接近零。为实现与强敌有效的制空体系对抗，装备隐身战斗机将是最基本的存在，可以预见，未来空战将步入全隐身时代。

(2) 己方对敌隐身目标探测距离受限的态势下，通过电子战主动降低对手系统功率将是反隐身作战体系的重要手段。从演习结果上看，F-22 和 F-35 这类先进隐身战斗机在进入近距格斗后与三代机的优势将大幅缩小。实际上，隐身战斗机飞行员长期以来一直坚决拒绝近距离战斗，因为这些战斗机难以在隐形和战场态势感知方面展现出绝对优势。从体系效率上看，当己方面对强敌隐身目标时，在系统功率不可避免出现大幅下降的前提下，通过电子对抗降低强敌系统功率将是反隐身的重要手段。

(3) 反隐身成为未来空空导弹的重要能力需求。在第三代空战体系下，反隐身成为空空导弹重要的能力需求，要求对导弹采取内埋设计，以适应隐身战机需求，保证我方战机不损失隐身性能。同时，导弹的攻击距离和机动能力也有待提升。

第五节　综合分析与启示

由于实际作战战例有限的原因，我们最后采用前文所述的体系效率理论，对不同代际空空导弹、不同作战平台、有无预警机影响下的空战体系效率进行量化对比分析。

一、不同代际空空导弹条件下的体系效率对比

按横坐标为代际，纵坐标为体系效率，分别绘制美国不同代际空空导弹作战体系效率变化趋势如图 8-13 所示。

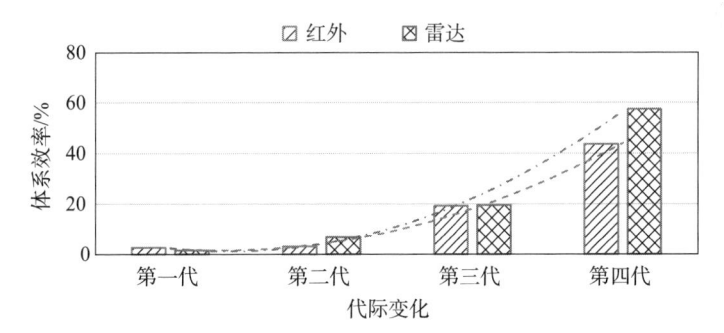

图 8-13　美国不同代际空空导弹体系效率变化趋势

美国红外型和雷达型不同代际空空导弹作战体系效率均成类指数曲线变化。从变化趋势上来看，无论是红外型还是雷达型，随着代际的提升，空空导弹作战体系效率也在不断增加。

对美国不同代际空空导弹作战体系变化分析如下：

（1）在第一代和第二代空空导弹作战体系中，此时导弹的射程和机动能力较小，导弹的最大飞行速度也不高，战斗机平台的探测距离有限，导致导弹武器系统功率较低，关于一这点，《精确打击武器系统论》中已进行过详细研究，此处不再赘述。另外，由于此时的体系层级和作战装备数量偏高，综合这两方面因素分析，第一代和二代空空导弹为核心的空空导弹作战体系效率较低。

（2）第三代空空导弹作战体系中由于新质作战装备-预警机的引入，不仅使体系的探测范围大幅提升，而且进一步减少了体系的层级和作战装备数

量。此外，空空导弹的射程也有所增加，这使体系作战效率有了明显提升。

（3）在第四代空空导弹作战体系中虽然作战装备的类型没有增加，体系的层级和数量也基本不变，但是预警机、战斗机平台以及导弹的性能得到大幅提高，相对于第三代空空导弹作战体系三代而言，其作战体系效率提升了一倍以上。

苏/俄不同代际空空导弹作战体系效率变化如图 8 – 14 所示。从变化趋势上来看，随着代际的提升，体系效率呈线性增加。

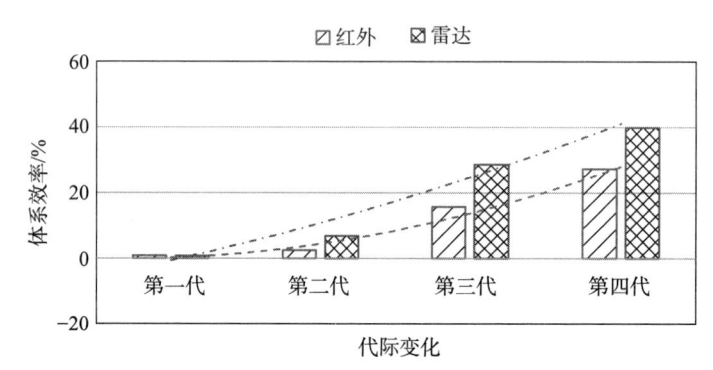

图 8 – 14 苏/俄不同代际空空导弹体系效率变化趋势

综合以上分析可以看出，在比较不同代际下的空空导弹作战体系效率时，导弹的射程和平台的探测范围是决定作战体系效率的主要因素。

二、载机平台对体系效率的影响分析

下面以美国空军现役主力战斗机为例，对不同载机平台下的体系效率进行分析。美空军现役主力作战平台与空战典型武器配备如表 8 – 1 所示。

表 8 – 1 平台类别与典型挂载武器

平台类别	F – 16C	F – 15	F – 22	F – 35A
典型挂载武器	4 枚 AIM – 120；2 枚 AIM – 9；1 门 M61A1 火神 20 mm 航炮	8 枚空空导弹，可以是 AIM – 120、AIM – 7 和 AIM – 9 的任意组合	6 枚 AIM – 120；2 枚 AIM – 9；1 门 20MM M61A2 航炮	6 枚 AIM – 120；20MM M61A2 航炮

为了分析平台变化对作战体系效率的影响，以平台为单位，按照不同平台下红外型和雷达型导弹的配比情况来对比不同作战平台的体系效率。其中，导弹类型由 AIM – 120D + AIM – 9X，按照 4 + 2 或者 6 + 2 的原则混合而成。作战

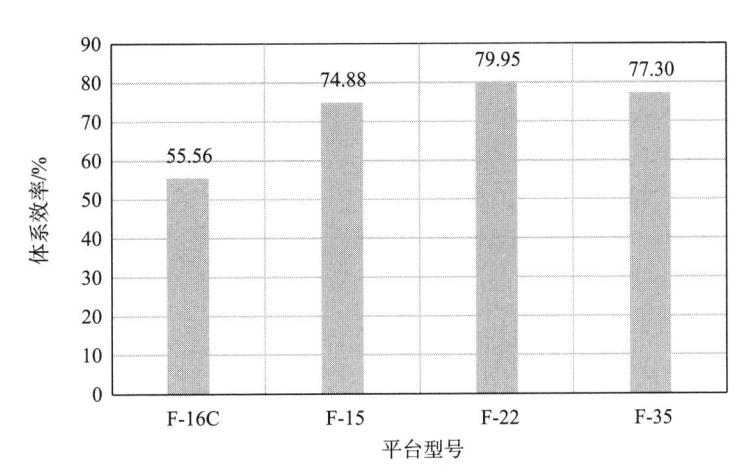

平台对空空作战体系效率变化的影响如图 8-15 所示。

图 8-15 作战平台对空空作战体系效率变化的影响

不难发现，F-15、F-22、F-35 的导弹作战体系效率比 F-16C 有明显提升，主要原因在于平台能力的差距，主要体现在以下几个方面。

(1) 平台探测距离及载弹量越大，空对空作战体系效率越高。F-16 由于在火控探测距离及载弹量均不占优势的情况下，F-15、F-22、F-35 比其提升了 30%，使得平台的平均系统功率大幅增加，导致体系效率明显提升。

(2) 体系层级越少，平台效率越高。相较于 F-15 战斗机 8 枚空空导弹的载弹量，F-35 载弹量（只能携带 6 枚）不占优势。两者的火控探测距离也相当。但由于 F-35 具有协同作战能力，体系层级更少，进而最终体系效率高于 F-15。

综上所述，在不同作战平台下，空对空作战体系效率的变化主要体现在平台的火控探测距离、载弹量，以及体系层级三方面因素的影响。但需要注意的是，体系效率理论更多反映的是平台进攻能力，而对全平台隐身带来的全面压缩对方探测距离等方面并未反映出来，所以从图中结果来看，F-22、F-35 较 F-15 的作战体系效率并未发生大幅增加。但在空战中情况下，拥有隐身作战飞机的一方可以极大地压缩对方作战体系的探测和攻击距离，从而造成攻防双方的体系效率代差。

三、预警机对体系效率的影响分析

在现代空战中，预警机的出现给空中态势感知带来巨大便利，使空战范围进一步扩大。预警机的主要任务是对空中目标的警戒和对空中作战的指挥控制。对空中目标的警戒是预警机最主要、最基本的任务，目的是在远离己方的空域，及早发现、识别和跟踪目标，为己方打击部队提供足够的预警时间。与普通地面雷达相比，预警机的预警时间提高了好几倍。

机载预警和控制系统也就是通常所说的预警机是一种装有远程搜索雷达、数据处理、敌我识别以及通信导航、指挥控制、电子对抗等完善电子设备，集预警、指挥、控制、通信和情报为一体，可用于搜索、监视与跟踪空中和海上目标，并能指挥、引导己方飞机执行作战任务的作战支援飞机。从第二次世界大战末期诞生以来，预警机在作战需求的牵引以及科学技术发展的推动下，从早期载机与监视雷达的简单组合逐渐发展出了十几种，主要有美国的E-2、E-3、E-8和E-10，俄罗斯的A-50，以色列的"费尔康"，瑞典的"百眼巨人"和"萨伯-2000"以及巴西的EMB-145等系列。

基于此，图8-16绘制了不同作战飞机在有无预警机支援下的作战体系效率差异，用于分析预警机对导弹作战体系效率的影响。从图8-17中可以看出，无论在哪一种作战平台下，在有预警机支援的体系中其效率比没有预警机的情况均有大幅提升，其原因也是显而易见的，正是由于预警机的加入，整个体系的探测范围有了大幅提升，因此对体系的探测距离和闭环时间产生了直接的影响，如表8-2所示。

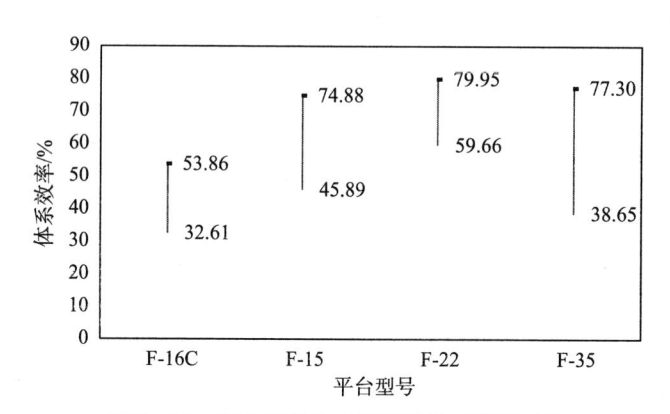

图8-16　有无预警机支援下的体系效率对比

表8-2　无预警机支援下不同平台体系效率损失百分比

载机平台	F-16C	F-15	F-22	F-35
体系效率损失百分比	39%	20%	25%	50%

对美国现役的四型主战平台而言，在没有预警机支援情况下，其作战体系效率平均降低了33.5%。尤其是对F-35而言，最多损失了50%。究其原因

在于仿真算例中，F-35只能携带中远距空空导弹，而预警机的态势信息支援对于中远距空战至关重要，进而导致其体系效率损失最多。

国际上发生的几次局部战争充分体现出了预警机的重要军事应用价值：黎巴嫩战争中，以色列派出4架E-2C预警机，严密监视叙利亚导弹发射场和空军基地的动态，使叙利亚完全处于被动地位，19个防空导弹营在6分钟内就被全部摧毁，60架战斗机被击落55架，损失惨重，而以色列战机则无一损失；海湾战争中，以美国为首的多国部队凭借E-2、E-3预警机提供空情信息和指挥，未损失一架作战飞机，而伊拉克则共被击落了40余架作战飞机。随着现代战争网络化、信息化的全面发展，预警机必将成为未来战场指挥控制体系的空中核心节点，如果能对敌方预警机进行有效打击，将会大大提高获胜的概率。

综上所述，导弹作战体系的体系效率模型，能够反映作战体系的本质特征和核心能力，在指导体系发展、建设和运用方面具有重大意义。

参 考 文 献

[1] 张汝伦. 什么是"自然"[J]. 哲学研究, 2011 (04): 84-95.

[2] 傅宝安. 自然系统的层次、特征及其演化规律 [J]. 求实, 1986 (3): 68-69.

[3] 傅宝安. 自然系统的层次、特征及其演化规律（续）[J]. 求实, 1986 (4): 62-65.

[4] 戴文赛, 陆埮, 胡佛兴. 微观、宏观、宇观 [J]. 物理, 1977 (01): 44-48.

[5] 伍进. 论自然系统理论与思想工作方法 [J]. 贵州大学学报（自然科学版）, 2003 (03): 283-286.

[6] 钱时惕. 突破原子基石论 人类认识深入到微观世界（上）——科学发展的人文历程漫话之十一 [J]. 物理通报, 2012 (01): 116-119.

[7] 钱时惕. 突破原子基石论 人类认识深入到微观世界（下）——科学发展的人文历程漫话之十二 [J]. 物理通报, 2012 (2): 109-109.

[8] 钱时惕. 突破绝对时空观 人类认识深入到高速与宇观世界（上）——科学发展的人文历程漫话之十三 [J]. 物理通报, 2012 (3): 108-111.

[9] 钱时惕. 突破绝对时空观 人类认识深入到高速与宇观世界（下）——科学发展的人文历程漫话之十四 [J]. 物理通报, 2012 (04): 114-116.

[10] 杨本洛. 自然科学体系梳理 [M]. 上海: 上海交通大学出版社, 2005.

[11] 王慧炯. 社会系统工程方法论 [M]. 北京: 中国发展出版社, 2015.

[12] 姜井水. 社会系统论 [M]. 上海: 学林出版社, 2004.

[13] 王博. 浅析社会系统论 [C]. 北京: 第二届世纪之星创新教育论坛论文集, 2015.

[14] 韩庆祥, 郭立新. 能力建设与社会体系创新 [J]. 唯实, 2002 (008): 4-8.

[15] 肖光文.《共产党宣言》中马克思主义政治观及其当代价值 [J]. 思想理论教育导刊, 2020 (11): 14-18.

参考文献

[16] 刘泽华，葛荃，刘刚. 中国传统政治文化导论［J］. 天津社会科学，1989（02）：12-17.

[17] 许建鹏. 资本主义政治文明的产生［J］. 海南大学学报（人文社会科学版），2003，21（004）：373-377.

[18] 王猛. 论"一带一路"倡议在中东的实施［J］. 现代国际关系，2017（3）：8.

[19] 夏立平. 论共生系统理论视阈下的"一带一路"建设［J］. 同济大学学报（社会科学版），2015（2）：11.

[20] 翟怡翔. 微观经济学与宏观经济学的关系研究［J］. 商展经济，2020，18（10）：111-113.

[21] 张芷苒. 微观经济学与宏观经济学的对比与结合［J］. 经济研究导刊，2018（5）：5-6，12.

[22] 喻卿. 科学社会主义与空想社会主义的比较分析［D］. 湘潭：湘潭大学，2014.

[23] 郭强. 社会主义发展史上的六个时间段［N］. 学习时报，2020-11-02（A3）.

[24] 赵建才. 郑州现代工业体系研究与实践［M］. 北京：中国经济出版社，2011.

[25] 雷万云，姚峻. 工业4.0——概念、技术及演进案例［M］. 北京：清华大学出版社，2019.

[26] 田雨佳. "德国制造"的发展分析［J］. 现代商贸工业，42（17）：2.

[27] 穆世诚. 联邦德国的钢铁工业（一）——联邦德国钢铁工业的发展历史简介［J］. 鞍钢技术，1988（11）：45-51.

[28] 李富森. 论"二战"前后德国的工业政策［J］. 学术探索，2012（09）：86-89.

[29] 吴启金. 德国汽车工业的历史沿革及发展现状［J］. 中国机电工业，2002（021）：43-45.

[30] 袁徐惠. 德国汽车工业发展优势分析及启示［J］. 商场现代化，2015（030）：10-11.

[31] 李佐军. 美国工业化特点及对我国的借鉴意义［J］. 新经济导刊，2003（019）：126-127.

[32] 工业发展的战略效应与决定因素：理论机制及实证检验［D］. 武汉：中南财经政法大学.

[33] 何兴平. iPhone制造外包模式下的苹果公司供应链管理研究［D］. 天津：

天津大学，2016.

[34] 于军军. 苹果公司在华市场品牌营销策略分析［D］. 长春：吉林大学，2017.

[35] 廖娅妮. 华为公司市场影响战略研究［D］. 成都：西南交通大学，2016.

[36] 王巍. 企业战略风险评估及战略风险管理综合评价研究［D］. 北京：北京信息控制研究所，2011.

[37] 赵晓哲，郭锐. 军事系统的研究与复杂性科学［J］. 军事运筹与系统工程，2006，20（002）：3-6.

[38] 江敬灼，叶雄兵. 军事系统复杂性分析及启示［J］. 军事运筹与系统工程，2007，21（004）：26-30.

[39] 赵晓哲，郭锐. 军事系统研究的综合集成方法［J］. 系统工程理论与实践，2004，24（10）：127-130.

[40] 刘继贤. 军事系统与综合集成方法的应用［J］. 军事运筹与系统工程，2007，21（004）：3-10.

[41] 段采宇，余滨，张维明. 面向需求分析的军事系统分类方法及应用［J］. 火力与指挥控制，2011，36（007）：42-45.

[42] 胡晓峰，罗批. 战争系统复杂性与战争模拟［J］. 国防科技，2007（2）：6.

[43] 余永阳. 战争系统结构及运行的复杂性研究［J］. 系统科学学报，2019（1）：6.

[44] 海平. 美国内战中的军事体系研究［D］. 济南：山东师范大学，2009.

[45] 高民政. 科学认识军事仗［N］. 解放军报，2021-08-10（07）.

[46] 费志杰. 战争制胜因素的政治运用［J］. 知与行，2016（05）：52-57.

[47] 李晓辉. 毛泽东为什么强调打好政治军事仗［N］. 学习时报，2020-05-25（A6）.

[48] 段君泽. 俄式"混合战争"实践及其影响［J］. 现代国际关系，2017（3）：6.

[49] 高巍. 混合战争问题研究［D］. 北京：国防科技大学，2019.

[50] 李章淼. 混合战争应用研究［D］. 北京：国防科技大学，2019.

[51] 张传胜. 网络中心战综述［J］. 航空科学技术，2008（1）：4.

[52] 阳东升，张维明，刘忠，等. 信息时代的体系——概念与定义［J］. 国防科技，2009（3）：10.

[53] 赵国宏. 体系中心战：未来战争的顶层作战概念［J］. 指挥与控制学报，

2021, 7 (3): 225-240.

[54] 顾基发. 系统工程新发展——体系 [J]. 科技导报, 2018, 36 (20): 10-19.

[55] 赵宗九, 励永庆. 现代国防与军队现代化 [M]. 北京: 蓝天出版社, 1990.

[56] 周荣庭, 何继明, 杨世松, 等. 信息国防论 [M]. 北京: 军事科学出版社, 2002.

[57] 刘鸿基, 罗海曦. 国防理论 [M]. 北京: 国防大学出版社, 1996.

[58] 高鸿春. 国防知识 [M]. 北京: 军事科学出版社, 2002.

[59] 罗友礼, 张建民. 国防理论 [M]. 北京: 军事科学出版社, 2002.

[60] 李先德, 王群立. 现代国防教育 [M]. 长沙: 中南大学出版社, 2008.

[61] 张志伟. 神圣使命: 国家与国防 [M]. 乌鲁木齐: 新疆青少年出版社, 2005.

[62] 张召忠. 再说国防 [J]. 国防, 2015 (6): 21-24.

[63] 袁林. 世界军事的演变与发展教程 [M]. 北京: 军事科学出版社, 2001.

[64] 中国人民解放军军语 [M]. 北京: 军事科学出版社, 2011.

[65] 毕文波, 严高鸿. 当代军事战略思维研究 [M]. 北京: 军事科学出版社, 2010.

[66] 林建超. 世界新军事变革概论 [M]. 北京: 解放军出版社, 2004.

[67] 牛俊法. 世界军事史概要 [M]. 北京: 解放军出版社, 2002.

[68] 马刚, 刘庆, 刘强, 等. 外国重要军事著作导读 [M]. 北京: 军事科学出版社, 2011.

[69] 王永建. 制胜论: 外国军事思想纵横 [M]. 北京: 华夏出版社, 1997.

[70] 目光团队. 导弹创新概论 [M]. 北京: 北京理工大学出版社, 2020.

[71] 目光. 导弹作战概论 [M]. 北京: 北京理工大学出版社, 2020.

[72] 目光, 雪山. 星云战 [M]. 北京: 科学出版社, 2020.

[73] 袁军堂, 张相炎. 武器装备概论 [M]. 北京: 国防工业出版社, 2011.

[74] 张世坤, 操新文, 申宏芬. 作战体系评估方法综述 [J]. 指挥控制与仿真, 2021 (6): 1-5.

[75] 刘德胜, 付东. 作战体系评估及评估方法研究 [J]. 军事运筹与系统工程, 2018, 32 (3): 14-17.

[76] 马晶, 徐宇恒, 刘鹏. 面向联合作战的体系评估综述及展望 [C]. 北京: 第八届中国指挥控制大会论文集, 2020.

[77] 马宝林,刘德胜. 作战体系评估指标体系结构构建方法 [J]. 指挥控制与仿真, 2021, 43 (2): 50 – 56.
[78] 蔡延曦,孙琰,张卓. 武器装备体系作战效能评估方法分析 [J]. 兵工自动化, 2008, 27 (10): 24 – 26.